Ernest
Francisco
Fenollosa

三井寺に眠る

フェノロサとビゲロウの物語

山口静一

William
Sturgis
Bigelow

宮帯出版社

アーネスト・F・フェノロサ
（三井寺法明院蔵）

ウィリアム・S・ビゲロウ
（三井寺法明院蔵）

明治 41 年 11 月 29 日 上野寛永寺におけるフェノロサ追悼会（筆者蔵）

前列に、竹内久一、岡倉覚三、浜尾新（左頁）、金子堅太郎、河瀬秀治（右頁）、二列目に、小林文七、正木直彦、有賀長雄（左頁）、井上哲次郎（右頁）、三列目に嘉納治五郎（左頁）、島田佳矣、六角紫水（右頁）、四列目に白浜徴（左頁）、白井雨山、狩野友信、下村観山、高村光雲（右頁） などが見える。

三井寺観音堂から琵琶湖を望む（明治中期）（大津市歴史博物館蔵）

フェノロサ墓石基壇にある「飛諾洛薩」の文字（右）とビゲロウ墓石基壇にある
「月心墖」（墖は塔の異体字）の文字（左）（三井寺法明院）

目次

序章　お雇い外国人の来日

第一章　仏教との邂逅

第二章　波乱の航海

第三章　三井寺の鐘

第四章　ビゲロウとウッズ

終章　法明院その後

序章　お雇い外国人の来日

はじめに

明治初期に来日し、ボストンと日本の間に橋を架ける役割を果たした三人のアメリカ人がいます。

エドワード・シルベスター・モース　Edward Sylvester Morse, 1838–1925
アーネスト・フランシスコ・フェノロサ　Ernest Francisco Fenollosa, 1853–1908
ウイリアム・スタージス・ビゲロウ　William Sturgis Bigelow, 1850–1926

このうち、フェノロサとビゲロウの二人が、仏教徒として三井寺（正式には園城寺）法明院の墓域に眠っています。この二人がここに葬られるに至った事情については、すでに百年以上も過ぎている今日、なかなか明確には分かりませんが、この機会に幾つかの資料を手掛かりにしながら、できるだけ跡づけてみることにしました。

アーネスト・F・フェノロサ
（モービル歴史博物館蔵）
Courtesy of the History Museum of Mobile

エドワード・S・モース
（Dorothy G. Wayman, *Edward Sylvester Morse*, Harvard University Press, 1942）

ウィリアム・S・ビゲロウ
（三井寺法明院蔵）

三人の関係については後述しますが、ここではそれぞれのプロフィールを簡単に紹介しておきます。

まず最年長のモースはメーン州ポートランド出身。独学の生物学者でハーバード大学の助手からマサチューセッツ州セーラムにあったピーボディー科学アカデミー研究員になった人で、アメリカでは著名な進化論者でした。初来日は一八七七（明治十）年。

フェノロサは父親がスペイン移民でセーラム生まれ、ハーバード大学で哲学を専攻し、一八七八年からお雇い外国人教師として、当時一ツ橋にあった東京大学で、政治学・経済学・哲学を担当するかたわら、日本古画の蒐集と研究で名を知られていました。

ビゲロウはフェノロサより三歳年長。ボストン名門の医学者の家系に生まれ、自らもハーバード大学医学部卒業後ヨーロッパに留学しますが、パリでジャポニスムに感化されて以来日本美術の蒐集家に転向。来日は一八八二（明治十五）年で、以来八年間、終始フェノロサと行動を共にした人物でした。

フェノロサ、ビゲロウの受戒

二人が受戒した（仏教徒になった）のは明治十八年九月二十一日。フェノロサは来日七年目で三十二歳、ビゲロウは三年目で三十五歳。授戒者は三井寺法明院の阿闍梨桜井敬徳（五十一歳）。場所は東京小梅村（現墨田区小梅、白鬚橋東岸）にあった元老院議官町田久成の別邸でした。

町田久成著『敬徳大和上畧伝』
（三井寺法明院蔵）

久成はかねてから敬徳に帰依し、敬徳を敬う心の厚かった人で、のちに敬徳三回忌を記念して『敬徳大和上畧伝』と題する小冊子（明治二十四年三井寺法明院蔵版）を著しますが、その中で二人の受戒に触れ、次のように記しています。

十八年九月留錫《りゅうしゃく》於東京小梅村町田氏受戒乞教者多米国人普恵廼労佐《フェノロサ》美芸郎《ビゲロウ》等亦請師受戒屢来問法義授法号美芸郎曰月心普恵廼労佐曰諦信又為二信士講梵網菩薩戒経

十八年九月、巡錫《じゅんしゃく》中の敬徳師は東京小梅村にあった町田久成の別宅に止宿。戒を受け教え乞おうとする者が多かった。米国人ビゲロウやフェノロサらもまた師に受戒を請い、しばしば訪れて仏教法義の質問をした。師はビゲロウに「月心《げっしん》」の法号を、フェノロサには「諦信《たいしん》」の法号を授けられた。また二人の信士のために梵網菩薩戒経を講じられた、と読むことができます。

ビゲロウの与えられた法号「月心」は「月のように澄んだ心」を連想させます。「月」は仏教では唯一絶対の真理に譬えられるそうです（中村元『仏教語大辞典』）。フェノロサ「諦信」の「諦」も「真理」また「悟り」を意味します。

梵網菩薩戒経とは梵網経に説く菩薩戒ということでしょうか。菩薩戒は一般に止悪・修善・利他の三面に及ぶ戒律ですが、梵網経ではこれを具体的に十重禁戒・四十八軽戒として説いています。

二人のアメリカ人は在家仏教の信者としてこの戒律を守ることを誓い、キリスト教から改宗したことになります。『日本天台宗年表』によれば明治十八（一八八五）年九月二十一日の出来事でした。

当時の新聞各紙は一斉にこのニュースを伝えました。例えば『東京日々新聞』（明治十八年九月三十日）。

フェノロサ仏門に入る――東京大学哲学教師フェノロサ氏は、今まで理学数理を以て世間事物の道理を講究せられたるに、最早欧米諸国の実理学を以て推度すべき丈は既に大概講究し了りたるも、其外に色心二法の実理に至りては未だ欧米学士の講究し能はざるもの数多《あまた》あれば、之れを究めばやと先頃より仏教を学ばるるに、大いに悟る所ありとて近頃は専ら仏学を修められ、且つ此程は天台宗寺門派の桜井敬徳阿闍梨に就きて菩薩戒を受けられたりと、本年九月三十日刊行の『明教新誌』に見ゆ。

色心二法とは物質と精神との関係を研究すること。教会に通い洗礼を受ける青年男女の多い文明開化の世相の中、欧米人がキリスト教から仏教に改宗したことは大変なニュースだったことでしょう。『明教新誌』とは当時の隔日刊仏教新聞です。

桜井敬徳、町田久成、岡倉覚三

三井寺法明院の桜井敬徳は天保五（一八三四）年生まれ。信者に授戒できる阿闍梨の資格を得たのは三十歳のときでした。明治五（一八七二）年新設の教部省より教導職を任じられています。教導職とは一般国民を教導するために神官と僧侶に与えられた職名です。これは明治十七年六月の記録ですが、敬徳は中教正《ちゅうきょうせい》の地位にありました。教導職の職制は大教正《だいきょうせい》を頂点として十四の位階（大中少の教正、大中少の講義、訓導の三段階で、それぞれに「権《ゴン》」付きの候補者を置く）がありました。僧侶の大教正は各宗派の管長が任命されましたので、中教正はそれに準じる、かなり高位の僧官に属します。

現在の愛知県常滑市出身の敬徳は、尾張藩士から司法省大審院判事となった青木信寅《のぶとら》（天保六年生まれ）と親しかったと法明院に伝えられています。信寅は明治十四年十月函館控訴裁判所長官として転出、同十九年九月二十四日同地で病死しました。法明院蔵敬徳資料の中に、明治二十年付で「法明院信徒総代、愛知県士族青木重彦、鹿児島県士族床次正精、鹿児島県士族町田久成」と、三人が自署捺印した文書が残っていますが、この青木重彦は信寅の嗣子ですので、信寅は生前は信徒総代の筆頭だったと思われます。床次正精《とこなみまさよし》は信寅と同じ司法官僚で、東京や仙台の裁判所で検事を務めた人物です。肖像画の才を認められ、明治十五年には宮内省、のちに農商務省御用掛となって博覧会関係の仕事をしました。法明院信徒総代になったのは信寅の慫慂《しょうよう》だったかもしれません。

桜井敬徳阿闍梨坐像
（三井寺法明院蔵）

町田久成がいつ、どのような経緯で敬徳と知り合ったのか実ははっきりしません。『日本天台宗年表』は、明治十六年四月三日「元老院議官町田久成、法明院敬徳律師を拝し八斎戒を受く」と記していますが、久成の元老院入りは二年後ですので、これは後年の記入です。敬徳自身の日誌『戒忍

町田久成（内村満洲男氏蔵）

日志』同年五月八日の項に「町田久成居士正五位来参……八斎戒を伝授」とあります。「居士」と称されていること、また「八斎戒」は在家の五戒に衣食住の具体的節制を加え八条とし、出家生活に一歩近づく意義をもつ戒律であることから、久成が敬徳の信徒になったのはもっと以前のことだったと考えられます。清沢満之の弟子だった大谷大学の佐々木月樵は、両者の出会いを「京都での病気が逆縁で受戒し云々」」（「明治仏教文化と其発祥地」『月樵全集』第五巻所載）と述べていますが、具体的なことは分かりません。

わが国文化財行政の父、博物館事業の創設者だった町田久成は明治十五年十月十九日、農商務省大書記官博物局長博物館長を突然解任されました。「依願免本官」ですが理由は未だに謎に包まれています。東京国立博物館裏庭に歴史学者重野安繹《やすつぐ》の撰になる久成顕彰碑があります。それには藤原伊房《これふさ》や熊谷直実《なおざね》の故事が引かれ、久成があたかも時の施策と相容れなかったことを暗示するように書かれています。

実際、久成は文化財を「考古の徴証」として重視していました。「考古の徴証」とは久成が大学大丞（太政官時代の職名、のちの文部次官に当たる）だった明治四年、文化財の忘失流出を憂えて新政府に要望した博物館創設上申書に使用した熟語で、古美術は一国の文化を認識し継承する基盤であることを説いた言葉です。これに対して、時代は下りますが明治十三年、同じく伝統美術の保護育成を目標に龍池会が結成されたとき、会頭佐野常民大蔵卿が発会式の演説で用いた言葉は「考古利今」でした（『工芸叢談』）。「殖産興業」の資として外貨の獲得を狙う政府の方針と久成の見解とは、大きな開きがあったようです。

町田久成顕彰碑（筆者撮影）

例えばウィーン万博出品の日本物産図説をもとに政府は明治九（一八七六）年、殖産興業の基本として国産物品の製造過程を図説した『教書《おしえぐさ》』を博物館蔵版として出版しましたが、

岡倉覚三　24歳
（下村英時『天心とその書簡』1964）

陶磁器、漆器、銅器、製茶、養蚕、織物、日本紙など各種産品が解説されるなか、久成が詳細に紹介したのは菅《すが》蒼圃（陶画工）の図に寄せた「鷹狩一覧」という、輸出産業とはまったく無関係な伝統文化の紹介でした。

明治十四年、久成が局長だった博物局が新設の農商務省管轄となり、翌年同省少輔として品川弥二郎（長州藩出身、久成より五歳年下）が久成の上司となります。あるいは品川との間に確執が生じたのかもしれません。いずれにせよ豪放磊落、無欲恬淡で知られ、逸話に事欠かなかった人物だけに、この辞職は大いに世間を驚かせたことでした。

退官に際し政府は下賜金と共に長年の功労を賞して従五位から正五位に叙し、翌年正倉院移管問題など久成不在では進捗不能の業務を遂行するために農商務省御用掛に再任、明治十八年三月には元老院議官に任命しました。

三井寺の桜井教徳阿闍梨を拝して受戒したニュースもまた東京の人士を驚かせました。

青木信寅の函館転出後、いつしか敬徳は巡回布教中上京の際は久成の小梅村別邸に止宿するようになっていました。これを知って小梅村詣でをする人々が次第に多くなります。

増上寺の福田行誡上人も訪れ、蜂須賀茂韶《もちあき》侯爵夫人を始め、のちに内相となる宮内省の副島種臣、官を辞して実業界に入り美術事業を奨励した河瀬秀治らが小梅村で敬徳に受戒しています。文部省美術行政官岡倉覚三の受戒は明治十八年九月十五日。その六日後にフェノロサ、ビゲロウが受戒したわけです。のちに天心と号した岡倉覚三は東京大学でフェノロサの講義を聴いた最初の卒業生です。文部省で美術教育担当官になったのもフェノロサの影響でした。フェノロサが新時代に即応した新美術の創造を提唱し鑑画会を組織（明治十八年一月）して以来、ビゲロウと共に覚三も同会幹部役員として積極的に活動しており、フェノロサとはきわめて親密な関係にありました。最初は仏画理解のため仏教を研究し、次第に仏教に惹かれていったフェノロサやビゲロウに、小梅村詣でを勧めたのは岡倉覚三に違いないと私は思っています。

発端はブラキポッド

日本とボストンとの交流の発端はブラキポッドという海洋生物だったと言うと奇異に感ずる人が多いことでしょう。訳して腕足類と呼ばれるこの生物は二枚貝に似ており、殻の間からニューっと腕が伸びて三味線のような形に見えますので、日本ではシャミセン貝とかホウズキ貝と呼ばれますが、実は貝類ではなく、触手動物の仲間とされます。

このブラキポッドは太古から形態的変化がほとんどないことで知られ、進化論学者エドワード・シルヴェスター・モースは強い関心をもって研究しておりました。一八七四年アメリカ西海岸で採集していたとき、日本の沿岸には多種類のブラキポッドが棲息するという耳よりな情報を得てモースは日本行きを決心します。決して裕福とは言えないモースでしたが、幸い一八七五年に出版した動物学の教科書が好評で版を重ねたために経済的余裕もでき、一八七七（明治十）年五月セーラムの自宅に妻子を残し三ヶ月の予定で出立、サンフランシスコから二十日ほどの航海ののち六月十七日、横浜に来着しました。

動物学者モースの来日を *Tokyo Times* の予告記事で知り、期待に胸を膨らませて待ち構えていたのが、東京大学法理文学部の教授外山《とやま》正一《まさかず》でした。この大学はその年四月に当時一ツ橋にあった東京開成学校と本郷の東京医学校とが合併して出来た明治日本の最高学府です。ミシガン大学出身の外山正一は在学中モースの講演を聴いたことがあり、アメリカでの名声や講義の面白さ、それに人柄の良さもよく知っていたようで、欠員だった理学部動物学の教官にはこの人を措いて他には無いという確信をもっていました。

来日時のモース（1877 年）

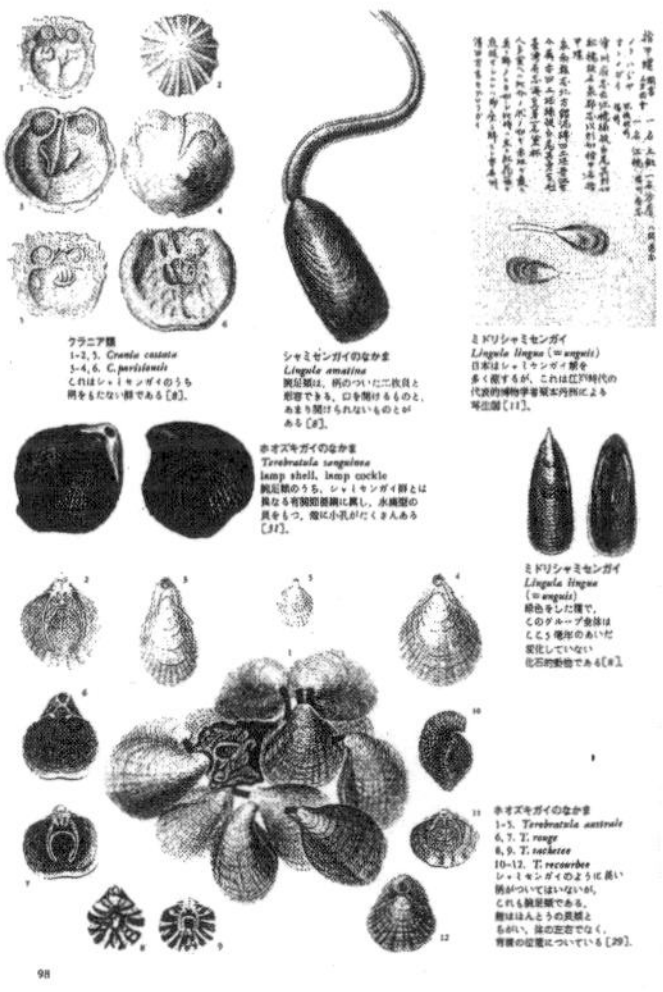

腕足類のなかま（『世界大博物図鑑』平凡社）

矢田部良吉
（『世界百科事典』平凡社）

外山正一
（『東京大学百年史』東京大学出版会）

デービッド・マレー
（*In Memoriam David Murray*, 1915）

コーネル大学出身の植物学教授矢田部良吉《やたべりょうきち》と、文部省学監デービッド・マレーの賛同を得て外山は、初めて東京に来たモースを新橋駅に出迎え、竹橋にあった文部省に同行して、九月から新学期を迎える理学部教授への就任を要請したのです。

モースの東京大学教授就任とフェノロサ推薦

デービッド・マレーは明治六（一八七三）年ラトガース大学から文部省に招聘された教育学者。教育制度の整備に尽力し大臣なみの待遇を受けていた有力者です。三ヶ月後の予定も詰まっていたモースでしたが、外山、マレー、そして大学当局の熱心な説得を断ることはできませんでした。大学は江ノ島にブラキポッドなどを採取するための実験所を設置し、またモースの見つけた大森貝塚発掘への全面的支援を約束、本郷加賀屋敷（現本郷キャンパス）の外国人教師館への入居も決まります。モースは三十九歳になっていました。

東京大学との契約は、同年九月より二年間理学部動物学生理学教授、月俸三百五十円。但し十一月より六ヶ月翌一八七八年四月まで図書・教材・標本類購入のため米国出張、その間理学部物理学、文学部政治学の専任教授を斡旋するという内容でした。月俸三百五十円は法理文学部外国人教師の最高額で、東京大学の熱意のほどが分かります。因みに明治十年は白米が一円で二十六キロ買えた時代でした。米国出張はもちろん予定の仕事の整理と家族を呼び寄せるための準備を考慮に容れてのことと思われます。

理系のモースにとってオハイオ大学の物理学教授トーマス・メンデンホールを推薦するのは容易でしたが、政治学は知り合いがおりません。そこでハーバード大学のチャールズ・W・エリオット総長を介して探しますが、結局同大学美術史教授チャールズ・E・ノートンの推薦するアーネスト・F・フェノロサに決まりました。ハーバード大学で哲学を四年間、大学院で美術史を二年間専攻した青年で、学部で専攻したハーバート・スペンサーの哲学が政治経済の進化論的発展を含む社会学や、心理学、生物学を取り込んだ総合哲学であったため、新生日本の大学における政治学講義にはあながちミスキャストではないと考えられたのでしょう。

フェノロサの生い立ち

フェノロサはスペイン移民の子として一八五三年ボストン北郊の港町セーラムで生まれています。父マニュエルはスペイン南端マラガに寄港した米国フリゲート艦に友人のエミリオと共に軍楽隊の一員として乗組んだ音楽家でした。セーラムに落ち着いた二人のスペイン人はこの地で裕福なパトロンを得、市内やボストンのコンサートに出演したり上流家庭の子女にピアノやバイオリンを教えたりして漸く安定した生活ができるようになります。マニュエルに呼び寄せられた妹のイソベルがエミリオと結婚すると、両親もマラガからやってきますが、カトリックからプロテスタントに改宗した子供たちに絶望して程なく帰国したということです。やがてマニュエルも、ピアノの愛弟子だったセーラムの名門シルスビー家の娘メアリと結婚、翌年アーネストが生まれエピスコパリアン・チャーチ（イギリス国教会のアメリカでの呼称）で洗礼を受けます。その翌年、のちに音楽家になる弟ウィリアムが生まれました。一家は閑静な住宅地チェスナッツ・ストリートに

母メアリー

父マニュエル

（筆者蔵、George Maniel Fenollosa 氏より寄贈）

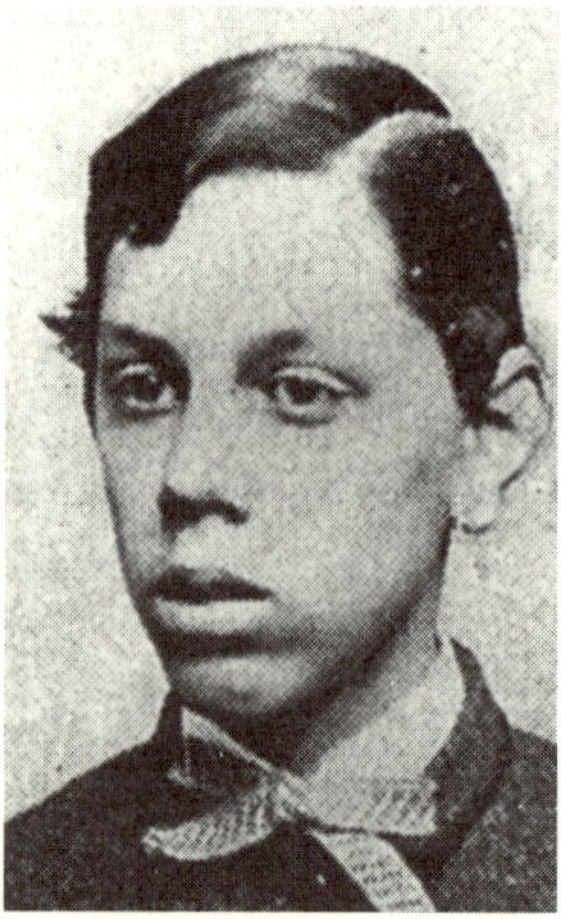

フェノロサ（6歳）

（日本フェノロサ学会蔵、Louis C. Mroz 氏寄贈アルバムから）

転居。その五番館で幼い兄弟は、父のバイオリンを母がピアノで伴奏するのを聴きながら育ったと、フェノロサは回想しています。この建物は現住者アンダソン家が「フェノロサの家」のサインボードを壁に貼って保存しています。

幸せな日々はしかし長続きしませんでした。アーネスト十三歳のとき母病死、三年後父再婚。シルスビー家の援助でハーバード大学に入学した兄弟は、在学中大学の学生寮

セーラムのチェスナッツ・ストリート（筆者撮影）

フェノロサが育った第５号館（筆者撮影）

で生活、アーネストは前述のように哲学を専攻して一八七四年六月卒業、ファイ・ベータ・カッパ（Phi Beta Kappa　全米優等学生友愛会）の会員になっていますので優秀な成績であったことが分かります。しかし移民の子なるが故に就職の道を閉ざされ、フェノロサは大学院に進学しますが、二年後大学院を終了しても就職できません。しばらく大学内のユニテリアン神学校に通ったという記録があります。スペンサーの社会進化論とキリスト教との関係について関心があったのかもしれませんが、就職に結びつくものではありませんでした。高校時代から憧れていた初恋の女性リジー（セーラムの高等学校で同学年でした）との交際も、彼女の両親から差し止められる始末です。

フェノロサ来日の経緯

南北戦争が終わって十年経った当時のアメリカでは、漸く経済も復興に向かい、文化の象徴として各地に美術館が開設され、公立学校でも図画が正課に組み入れられ始めていました。フェノロサはノートンに学んだ美術史の知識を生かし、時代の要求する美術教育家ないし美術評論家として身を立てる決意を固め、開設早々のボストン美術館に付設された絵画学校に入学して美術解剖学や実技を学び始めました。と言っても特に目途があってのことではありません。リジーの両親の危惧はまさに的中していました。鬱々たる日々を送るフェノロサに、ある日とんでもない事件が起こります。

父マニュエルの自殺です。再婚して三人の息子を儲け、市内に楽器店を経営していながら一八七八年一月、突然セーラムの海に謎の投身自殺を遂げたのです。キリスト教社会では自殺は道徳的罪悪として指弾される行為でした。

この絶望的状況からフェノロサを救ったのがモースからの朗報でした。フェノロサに会ったモースがまず話題としたのは高額なサラリーのことでした。半額を貯金しても「貴公子のような」生活ができること、契約は二年だが更新が可能なこと、フェノロサの風貌は学生を魅了するであろう、帰国後も著作と講演によって生計を立てる道が開けるであろうと保証します。鎖国の扉を開いて間もない新興国日本で、近代化の熱意に燃える青年たちに西欧思想を伝えることは、それまでの勉強を最大限に生かせる仕事に思えました。フェノロサは再び進路を転換します。

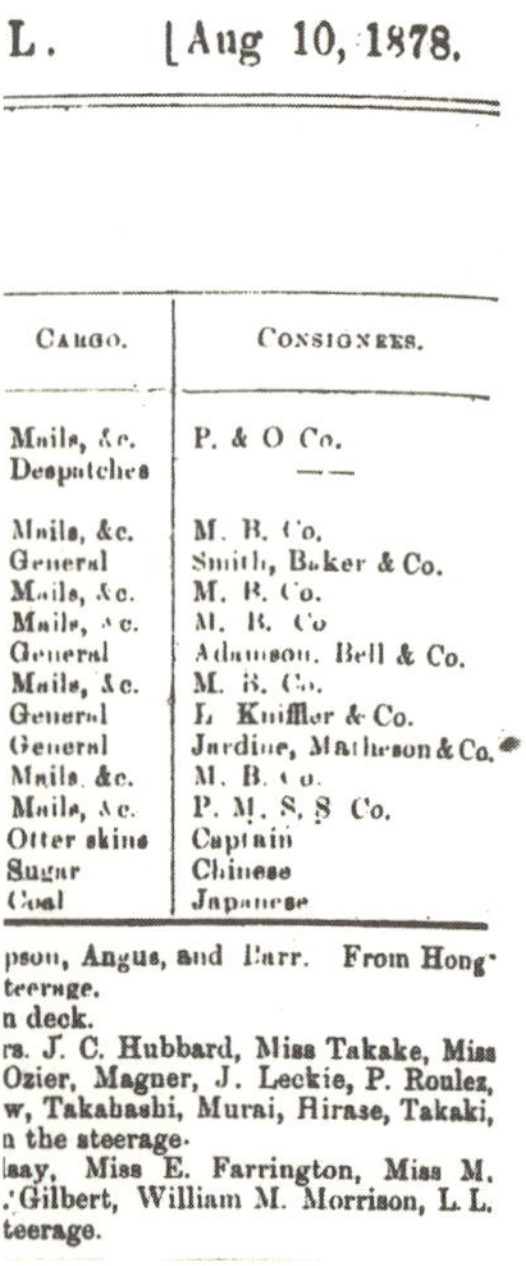

L. [Aug 10, 1878.

Cargo.	Consignees.
Mails, &c.	P. & O Co.
Despatches	——
Mails, &c.	M. B. Co.
General	Smith, Baker & Co.
Mails, &c.	M. B. Co.
Mails, &c.	M. B. Co
General	Adamson, Bell & Co.
Mails, &c.	M. B. Co.
General	L Kniffler & Co.
General	Jardine, Matheson & Co.
Mails, &c.	M. B. Co.
Mails, &c.	P. M. S. S Co.
Otter skins	Captain
Sugar	Chinese
Coal	Japanese

pson, Angus, and Barr. From Hong-
teerage.
n deck.
rs. J. C. Hubbard, Miss Takake, Miss
Ozier, Magner, J. Leckie, P. Roulez,
w, Takahashi, Murai, Hirase, Takaki,
n the steerage.
lsay, Miss E. Farrington, Miss M.
Gilbert, William M. Morrison, L. L.
teerage.

来日当初のフェノロサとリジー夫人
（筆者蔵、George Manuel Fenollosa 氏より寄贈）

同年四月になって東京大学から正式の招聘の通知が届きます。教授の地位と莫大な俸給の明記された契約確認書はフェノロサを狂喜させました。月俸三百円は当時のレー

798 THE JAPAN WEEKLY MAI

Shipping Intelligence.

INWARDS.

Date.		Ship's Name.	Captain.	Flag & Rig.	Tonnage.	Port of Departure.	Left Port.
Aug.	4	Malacca	Smith	British str.	1709	Hongkong	,, 28
,,	5	Vigilant	Comdr. Annesley	H. B. M.'s Despatch vessel	985	Kobe	Aug. 3
,,	5	Shario Maru	Maes	Japanese str.	524	Kobe	,, 2
,,	5	Perusia	McKirdy	Belgian str.	2250	Whampoa to Cal[lao]	July 22
,,	5	Hiogo Maru	Moore	Japanese str.	896	Kobe	Aug. 3
,,	6	Akitsushima Maru	Gorlach	Japanese str.	1146	Hakodate	,, 3
,,	6	Bertha	Langley	British str.	1421	Hongkong	July 26
,,	7	Tsuruga Maru	Davison	Japanese str.	661	Kobe	Aug. 5
,,	7	Bon Accord	Robertson	British bq.	398	London	Mar. 20
,,	7	Gleniffer	Graham	British str.	1411	Shanghai	Aug. 3
,,	8	Tokio Maru	Swain	Japanese str.	1146	Shanghai & ports	,, 1
,,	9	City of Peking	Cavarly	American str.	5069	San Francisco	July 20
,,	10	Jupiter	Livingstone	German schr.	50	Shikotan	,, 26
,,	10	Retriever	Brown	British barque	296	Takao	,, 26
,,	10	Winlow	Barker	British barque	457	Nagasaki	July 13

PASSENGERS:—Per British steamer *Malacca*, from Hongkong.—From Brindisi: Messrs. Thom
kong: Lieut. Robinson, R.N., Messrs. O. Vidal, and A. C. Cane; 9 Chinese in the s
Per *Bertha*, from Hongkong.—Captain More, Miss A. More, Mrs. Dickie; two Chinese o
Per Japanese steamer, *Tokio Maru*, from Shanghai and ports.—Mr. and Mrs. Takao, M
Kenn, Miss Kiwa, Monsgr. B. Petitjean, Messrs. Cunningham, J. Cousin, Rea, P.
G. Berson, Nishikawa, Katasha, Kuraewa, Prince Omura Masamura, Mitzui, Kato
Stow, Sugimura, and Captain Fletcher; 7 Europeans, 1 Chinese and 425 Japanese i
Per American steamer, *City of Peking*, from San Francisco.—Mr. and Mrs. John Lind
Farrington, Professor E. F. Fennallosa and wife, Messrs. H. C. Nye, U.S.N., S. S
Forbes, J. F. Halfteger, Abell and J. Bisset; 3 Europeans, and 177 Chinese in the s

船客名簿（*The Japan Weekly Mail*, Aug 10, 1878）

トで二八〇ドル。二十五歳の青年には考えられない高給でした。

フェノロサは何度か諦めかけていたリジーに自信をもって結婚を申し込み、六月十二日セーラムの教会で結婚、七月二十日新婚旅行を兼ねてサンフランシスコから日本に向かいました。乗船したCity of Pekin号の一等船客名簿にはProfessor E. F. Fenollosa and wifeと署名しています。

八月九日横浜着。十日東

京大学にて契約書にサイン。九月から文学部の政治学（Political Philosophy）のほか理財学（Political Economy）と哲学（History of Philosophy）に加えて、大学予備門の経済学初歩まで担当することを快諾。講義は順調に開始されます。

十一月、予備門経済学担当の前任者江木高遠《えぎたかとお》に依頼され、江木学校主催の市民講座を引き受けますが、主題「宗教沿革論」のもとに、痛烈なキリスト教批判を展開したのです。

第一章　仏教との邂逅

明治初年の宗教環境

ここで明治初年の宗教事情を概観しておきましょう。ご存じのように明治初年は、厖大な数量の仏像仏画や古建築など貴重な文化財を失う結果となったいわゆる廃仏棄釈の嵐が吹き荒れた時代でした。しかしこれは明治政府が強制した命令ではありませんでした。王政復古が重要なスローガンだった新政府は、従来の神仏混淆の風習を廃し天皇家の先祖を祀る日本古来の神道を復権させるために「神仏判然令」（一八六八）を公布したのでしたが、各地の藩知事たちがこれを拡大解釈し武力によって寺院の破壊、統廃合を強行したのです。民衆がそれを許容したのは、それほど仏教積弊の堕落が目に余るほどだったのでしょう。

しかし、十六世紀宗教改革後のカトリック教会のように、覚醒した新進仏教徒、仏教指導者の活躍は目覚しいものでした。ヨーロッパやインドに渡航して仏教を研究し、帰国して日本仏教の革新に尽力した僧侶たちが輩出します。島地黙雷《もくらい》、石川舜台《しゅんたい》、南条文雄《ぶんゆう》、藤島了穏《りょうおん》、赤松連城《れんじょう》その他多くの人々です。

一方キリスト教の方ですが、新政府がキリシタン禁制の高札を撤去したのはようやく明治六（一八七三）年、それも信徒迫害に抗議するヨーロッパ列国の圧力によるものでした。それまで、来日した欧米の宣教師たちは、ヘボン博士やジェームズ・バラのように、公的には医師として、あるいは英語教師として密かに伝道に従事するだけでしたが、それでも彼らの人格に感化されてキリスト教に改宗する日本人が日を逐《お》って増えていました。

改宗者の増加を恐れた政府は、「なりふり構わず」の表現が妥当に思われますが、それまでの「神仏分離」とは逆に明治五年、神道国教化の象徴だった神祇省を廃止して教部省を設置。大教院制度を作って全国の神官・僧侶を教導職に任命し国民教化に当たらせます。同年発布された「三条の教憲」（敬神愛国・天理人道・皇上奉戴）に則った施策ですが、実は反キリスト教の一大キャンペーンでした。

教導職の職制については前述しました。大教正には伊勢神宮祭主や出雲大社宮司、寺院側からは各宗派の管長や法主が任命されています。

国民教化の説法はもともと僧侶の得意とするところで神官の仕事ではありません。当然ながら神職と僧侶の所説は矛盾するところが多く、また、各地で滑稽な出来事がおこりました。ある説教場では「神官が『古事記』の講釈をしている間僧侶は頭を垂れて居眠りをし、僧侶が般若心経を説く時神官は手をあげて欠伸をする始末」（松本万年著『田舎繁盛記』明治八年）という有様で、これでは聴衆は真面目に聴いていられません。三年後の明治八年、大教院制度は神道・仏教の対立が激化して廃止されますが、仏教側ではその後十年以上にわたって、教正、講義等の呼称を残し、キリスト教蔓延防止の説教活動を続けました。

後述するフェノロサ、ビゲロウの師、三井寺法明院の住職は、明治十七（一八八四）年六月の仏教新聞に「桜井敬徳中教正」として報道され、廃寺となった伊勢の小寺を再興した浄土僧は明治二十四（一八九一）年の再興記録に「中講義大江学翁」と自署しています。

モースの進化論講義とクリスチャンの反発

しかしながらモースの来日した明治十年前後には全国各地に教会やミッションスクールが出来、プロテスタントとカトリックを問わず、病院、養育院といった社会事業を通して教勢は拡大し、改宗者が増え続けていました。

西洋人がキリスト教を説くのは当たり前、これも文明開化のしるしと考えていた一般市民を驚かせたのは、モースのキリスト教批判でした。ダーウィンの信奉者だった動物学者モースの進化論講演は、アメリカでも保守的なキリスト教徒から妨害や嫌がらせを受けていたため、穏健な人柄ではありましたが、彼らに対しては辛辣な言葉で応酬することが多かったと伝えられています。モースが浅草須賀町（現台東区浅草橋のあたり）の井生村楼《いぶむらろう》という会場で江木学校主催の市民講座「動物変遷論」四回連続講演を行ったのは明治十一年十月のことでした。

私立江木学校の主宰江木高遠《たかとう》は高名な儒学者江木鰐水《がくすい》の嗣子。米国留学から帰国して東京英語学校およびその後身の東京大学予備門教師を務め、フェノロサ来日まで経済学を担当しておりました。留学中に知った市民講座の開設を企画し、福沢諭吉、西周《あまね》、藤田茂吉、菊池大麓、加藤弘之、中村正直といった当代一流の文化人を擁してこの年「江木学校講談会」を組織します。モースが講演を依頼されたのは、前年十月東京大学主催の進化論特別講義が聴講者に与えた感銘を一般市民にも伝えるという目的でした。通訳は江木と菊池が務めています。その要約が『芸術叢誌』という雑誌に連載されています。

動物進化の過程を卑近な実例で示しながらきわめて平易に解説し、両手を同時に使って黒板に図解するなど、モースの人気は一気に高まり、毎回満員の盛況だったと伝えられています。

人類の進化について聖書「創世記」の記述を真っ向から否定するモースに対して執拗に反駁したのは、イギリスの宣教医で築地病院を開いたヘンリー・フォールズでした。後に土器に残された指紋に示唆されて指紋を研究し指紋法の基礎を築いた人です。彼は講演中のモースに反論を試みましたが、主催者から「ここは議論の場所ではない」とたしなめられ、後日銀座で弁駁論を披露することになります。キリスト教をめぐる西洋人同志の争いは、日本人聴衆にとって実に興味深い一幕でした。『芸術叢誌』はフォールズをからかって、……いずれ天主がこう言われたとか、耶蘇《ヤソ》が然《しか》じか考えたとか、証拠もなく形跡《あと》もない空中の楼閣へ登って痴夢《ゆめ》の判断を講釈することとなるべければ、無鉄砲に面白い事なるべし。この面白連中が世間に沢山なるは嘆息々々

と書いています。進化論の「自然淘汰」「適者生存」の説は、様々な疑問を解く、まことに説得力のある新知識でしたが、この文章には宣教師を揶揄しキリスト教の普及を懸念する当時の知識層一般の空気が感じられます。

ヘンリー・フォールズ
（『お雇い外国人⑤教育・宗教』（鹿島研究所出版会）

ちょっと横道にそれますが、ここでモースの進化論講義を通訳した江木高遠のその後について触れておきます。彼はこれを機会にモースとたいへん親しくなりますが、明治十三年三月、外務省書記官としてワシントンの日本公使館に赴任しました。モースが東京大学との契約満期で

帰国した半年後のことです。ところが同年六月六日、彼は公使館で謎のピストル自殺を遂げたのです。日本産品の輸入をめぐる差別を在米日本商社から糾弾されたのが原因、とする資料があります。あるいはモース蒐集陶器の輸入に関連する事件だったのかもしれませんが詳細は不明です。

フェノロサの宗教沿革論とキリスト教批判

モース講演最終回の日に『芸術叢誌』はフェノロサを紹介し、進化論を常に攻撃する宗教といえども幾多の変遷あって今日に至っている事実について「モールス氏の友人哲学教師米国フェノロサ氏」に講演を依頼した旨を報じています。新任のフェノロサも二週間ほど前、大学主催の定例講演会で「社会進化論の諸問題」と題する講演を試みておりました。井生村楼の江木学校で「宗教ノ起源及ビ沿革論」の四回連続講演を開始したのは来日三ヶ月後の明治十一年十一月二日のことでした。

その「傍聴記聞」が同じ『芸術叢誌』（Nos. 26-40）に連載されます。まず未開人の霊魂観から発生した死と再生に関する観念を説明して天国と地獄の思想、墳墓の意義などに及び、霊魂崇拝が儀式と祭祀を生み出して一つの宗教に成長する過程を、主としてスペンサーに拠りながら多くの新鋭社会進化論学説を援用して解説したもので、啓蒙的ながら蘊蓄《うんちく》をきわめた講演でした。

しかしキリスト教批判に関しては、ほとんど挑発的と感じられるほど辛辣なものでした。キリスト教が如何に近代学術の自由な発展を阻害したかという告発に始まり、キリスト教の説く天地創造、人類の堕落、原罪観、救世主の出現等をことごとく迷信愚説と断じ、キリスト教が本来、未開人種に見られた霊魂再生の信仰から強大なる人物の霊に対する祭祀へと推移したものがその起源であることを証明しようとします。結論として、キリスト教の神は、実はカナンの地の暴君が神格化したものと断言します。要するにこの「宗教沿革論」はキ

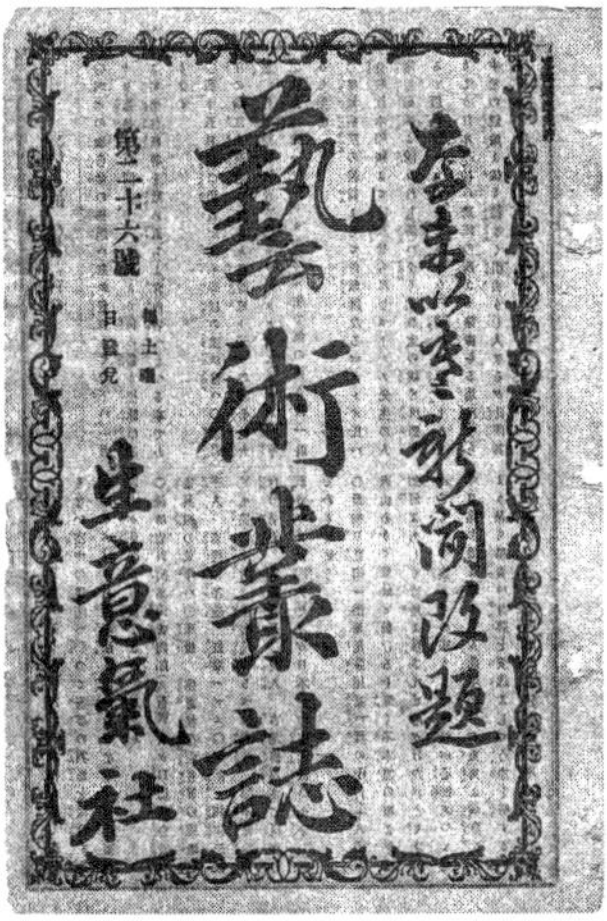

フェノロサ「宗教沿革論」が掲載された『芸術叢誌』第 26 号（明治 11 年 12 月刊）（筆者蔵）

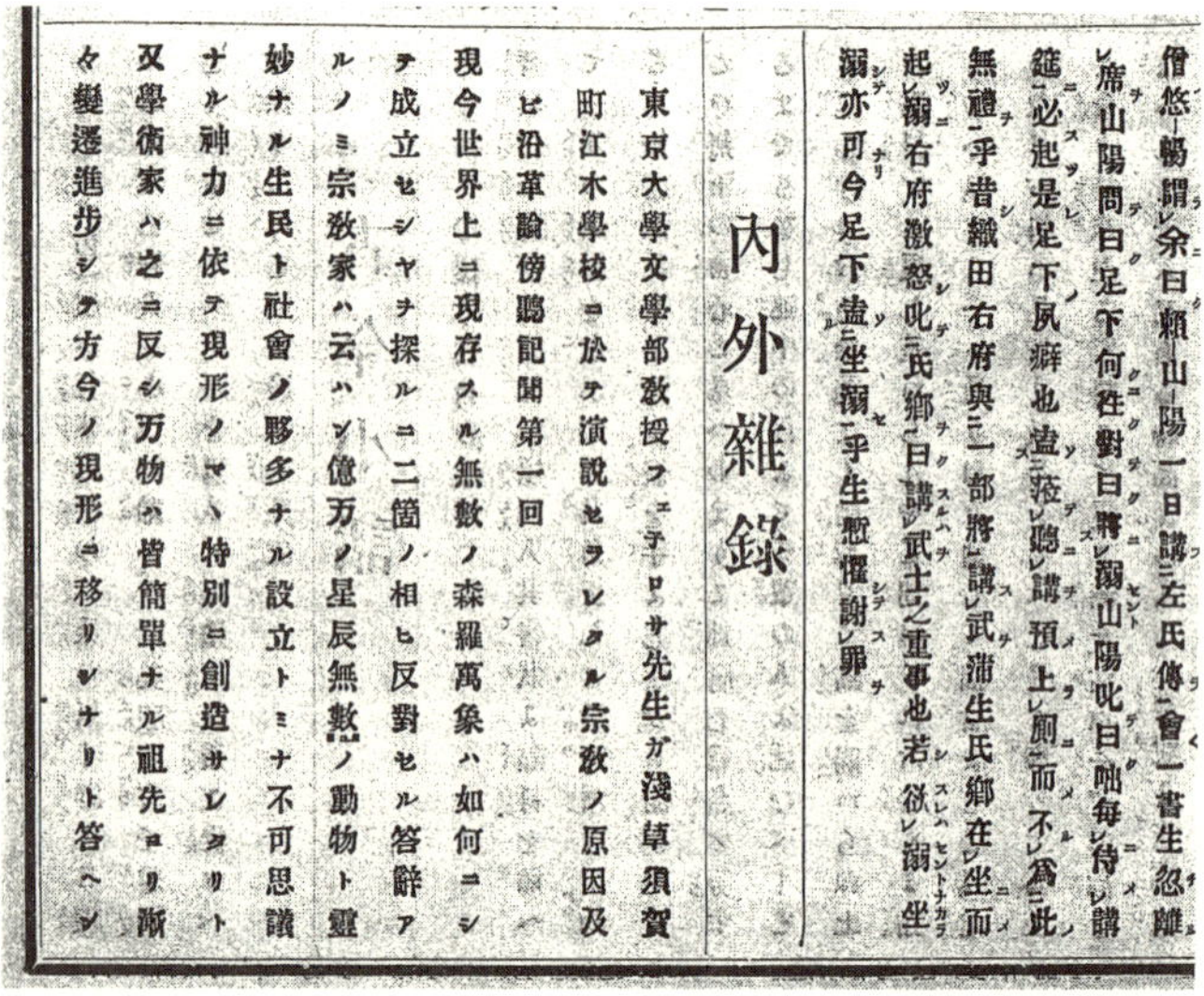

僧悠暢謂余曰賴山陽一日講左氏傳會一書生忽離席山陽問曰足下何往對曰將溺山陽叱曰呲毎待講筵必起是足下夙癖也盍忍聽講預上厠而不爲此無禮乎昔織田右府與一部將講武蒲生氏鄕在坐而起溺右府激怒叱氏鄕曰講武士之重事也若欲溺坐溺亦可今足下盍坐溺乎生愢懼謝罪

内外雜錄

東京大學文學部敎授フェノロサ先生ガ淺草須賀町江木學校ニ於テ演説セラレタル宗敎ノ原因及ヒ沿革論傍聽記聞第一回

現今世界上ニ現存スル無數ノ森羅萬象ハ如何ニシテ成立セシヤヲ探ルニ二箇ノ相ヒ反對セル答辭アルノミ宗敎家ハ云ハン億万ノ星辰無數ノ動物ト靈妙ナル生民ト社會ノ夥多ナル設立トミナ不可思議ナル神力ニ依テ現形ノマヽ特別ニ創造サレタリト又學術家ハ之ニ反シ万物ハ皆簡單ナル祖先ヨリ漸々變遷進歩シテ方今ノ現形ニ移リシナリト答ヘン

フェノロサ「宗教沿革論」第１回（『芸術叢誌』第26号、明治11年12月刊）（筆者蔵）

リスト教絶対の観念に対する大胆率直な批判、きわめて意識的な反発に終始していると言っても過言ではありません。

フェノロサをこれほどのキリスト教批判に駆り立てたものは何だったのでしょうか。もちろん前回のモース講演を補強する意図のあったことも考えられますが、やはりハーバード時代に専攻したスペンサーの社会進化論が本源にあったのではないかと思われます。

スペンサーは未開人に見られる宗教の変遷を説いても、キリスト教には沈黙を守っていました。哲学科を最優秀の成績で卒業した若き学徒フェノロサは大学院に進学しますが、一時大学内のユニテリアン神学校に通った記録があります。おそらくこの問題を解決するためだったと考えられます。しかしスペンサー宗教論の当然の帰結は、ダーウィンの進化論と同様キリスト教信仰に懐疑の念を抱かせるものでした。

モースは少年時代、兄の葬儀のときの牧師の説教や厳格なクリスチャンだった父親への反抗から、キリスト教には反感を抱いていたとモースの伝記作者は伝えています。フェノロサの場合、スペイン移民でカトリック教徒だった父親は、セーラムに落ち着いてからプロテスタントに改宗した人で、少なくとも熱心なクリスチャンだったとは思われません。しかし、フェノロサがとくに反キリスト教的家庭環境に育ったという記録は見つかりません。或いは死んだ母親の実家との複雑な関係が信仰問題にまで絡んだものかもしれませんが、これも実証できません。

いずれにせよ、西洋人による反キリスト教演説を、諸手を挙げて歓迎したのはいわゆる「耶蘇教退治」に躍起になっていた日本の仏教界でした。フェノロサは明治十五(一八八二)年の龍池会演説「美術真説」を機に、日本伝統美術復興運動の旗手として全国にその名を知られるようになりますが、この「宗教沿革論」によって仏教者の間でも忘れられない存在になりました。十一年後の明治二十二（一八八九）年、『日本之教学』という博文館発行の雑誌にこの宗教論の前半部が収録されたほどです。

フェノロサ、日本美術への傾倒

政治学教授として招聘されたフェノロサに、大学当局は理財学（経済学の旧称）と哲学の講義も依頼しました。スペンサーの総合哲学を専攻したフェノロサは、最新の社会進化論学説を紹介してPolitical philosophyを、J・S・ミルらの経済学説を解説してPolitical economyを講義し、またシュヴェーグラーの哲学史（英訳本）によって西欧思想史を教え、向学心に燃える学生たちを大いに満足させました。初期の教え子たちに井上哲次郎、岡倉天心、嘉納治五郎、高田早苗、市島春城《いちじましゅんじょう》、坪内逍遥らがいます。

美しい花鳥画をおみやげに買って帰国する他のお雇い外国人と同様、フェノロサも人気ある画家の作品を買っていましたが、やがてその買い方が他の外国人とは異なってきました。好きだから買う、良いから買うのではなく、いかにも社会進化論学徒のように、時代の変遷とそれに即した画家の流派・系統を追って購入するようになったのです。これは来日して二年足らずのことで、学生だった天心や有賀長雄がその方面の調査の手伝いをしています。

明治十三（一八八〇）年の夏休みには古美術蒐集のため卒業直前の天心を通訳に同行して関西旅行をするほど研究が熱を帯びてきました。翌年には美術史研究の成果が現われ、一流の蒐集家・古画鑑定家として知られるようになります（『東京日々新聞』十月二十四日）。

明治十五年五月十四日フェノロサは龍池会の委嘱で、日本美術宣揚の演説をしました。会場は上野公園教育博物館（現在の東京藝術大学の敷地にあった）、聴衆は文部卿福岡孝悌《たかちか》以下数十人の政府要人で占められていました。

龍池会はかねてから国粋美術の育成を目標に、毎年「観古美術会」という伝統美術名品展を催していましたが、西洋崇拝の風潮に阻まれてなかなか成果があがりません。そこで着想を得たのが、西洋人でありながら日本の古画を愛好するフェノロサを起用することでした。龍池会の幹部会員の大半は大蔵省・内務省の若手官僚です。彼らは第三回観

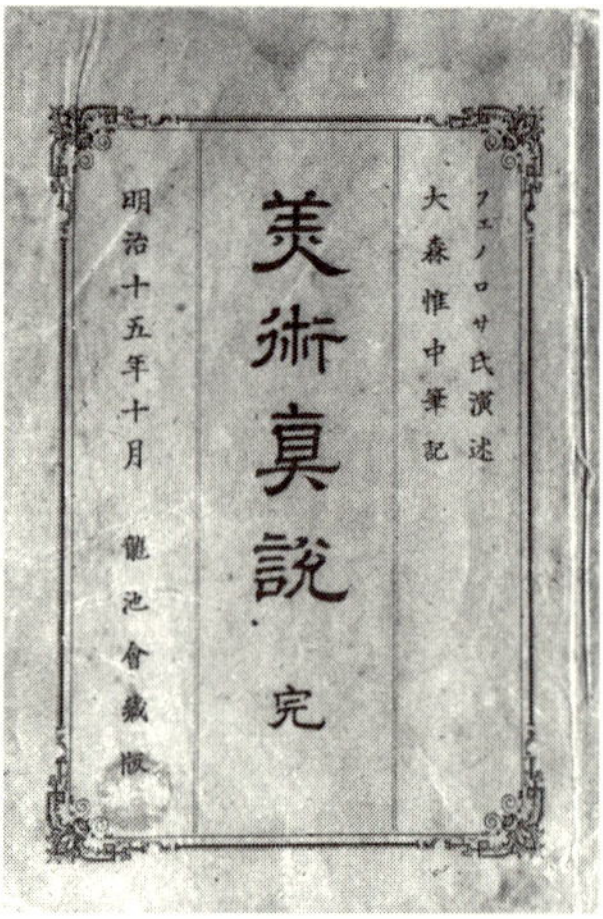

フェノロサ『美術真説』（筆者蔵）

古美術会の一環としてフェノロサ講演を企画し、衰微していた日本美術の新興をまず政府部内に浸透させようとしたのです。

企画は成功し、同年十月龍池会はこの講演を『美術真説』と題する小冊子にまとめて出版、翌月宮中に召集された地方長官を介して全国に頒布。「日本美術復興の旗手」としてフェノロサの名は日本全土に広まりました。

フェノロサは来日当初、二期四年間の東京大学在職を予定していたようです。しかし明治十五年以降国粋主義的思潮に乗って美術行政も西洋画推進から日本美術復興へと転換し、フェノロサはその運動の牽引役としての留任が望まれます。フェノロサ自身、月給三百円という莫大な俸給は手放したくはなかったでしょう（四年後の明治十九年には大学から文部省・宮内省に転職、名実共に美術行政官になりますが、四年契約で年俸六千円という、勅任官待遇、各省次官なみの高級官僚になります）。

ウィリアム・スタージス・ビゲロウ

日本美術の蒐集家ウィリアム・スタージス・ビゲロウの来日は、フェノロサが「美術真説」演説をしてから三週間ほど経った六月五日のことでした。

ビゲロウは、祖父（ジェーコブ）がＭＩＴ（Massachusetts Institute of Technology）の創設に関わった医学者、父（ヘンリー）はハーバード医科大学教授で大統領の侍医というボストン名門の医家に生まれました。フェノロサより三歳年長で一八五〇年四月四日生まれ。母スーザンは捕鯨と中国貿易で巨万の富を築いたセーラムの海運業者ウィリアム・スタージスの娘でしたが、ビゲロウが三歳のとき自殺しています。この点、父親が自殺したフェノロサと似ています。

祖母と母親の姉妹たちに溺愛されながら、ビゲロウは「ボストンブラーミン」と呼ばれる典型的上流階級に育って一八六九年ハーバード入学、二年後ハーバード医科大学に進学、七四年卒業。学生時代には礼拝の強制に抗議してサボり譴責《けんせき》されるという反面、エリオット総長の女性・黒人入学制度に反対する保守的運動に加わったと伝えられています。友人たちには恵まれ、のちの上院議員ヘンリー・C・ロッジをはじめ、ハーバード大学教授フレデリック・C・シャタック、ボストン・エピスコパリアン司教ウィリアム・ロレンス、トリニティー教会の牧師フィリップ・ブルックスなど各界有力者を生涯の友人としました。

医学研修のためハーバード医科大学卒業後五年間ヨーロッパに留学。ドレスデンでドイツ語習得後ハイデルベルク、ストラスブルク、ウィーンの各大学医学部で学び、最後の二年間はパリでパストゥールに細菌学を学んで帰国しますが、在パリ中、美術商S・ビングに出会ったのが、その後の進路を一変させる端緒となりました。

サミュエルともジーグフリートとも伝えられるS・ビングは著名な東洋美術商で、パリ・ジャポニスム宣揚の当事者でした。ビングの店頭に飾られた日本の美術品・工芸品に魅せられたビゲロウは直ちに浮世絵や工芸品など数百点を購入し、やがて熱心な蒐集家に変貌していました。

一八七九年も終わるころビゲロウはボストンに帰り、細菌学研究所を設立しますが、医師を継がせようとした父は、翌年ビゲロウをマサチューセッツ総合病院外来外科の助手として就職させます。しかし血が嫌いだったビゲロウは一年足らずで「神経衰弱」を理由にウィーンに逃げ出し、数週間「療養」して同年冬に帰国。たまたま市内のロウエル研究所でモースの日本に関する講演を聴講しました。

モースは日本から帰国したあとセーラムのピーボディー科学アカデミー（現在のピーボディー・エセックス博物館）の所長をしていましたが、日本の印象忘れがたく、セーラムやボストンで何度か日本講演を試み、楽しかった想い出を語っていました。ニューイングランド唯一の知日家としてロウエル研究所がモースに講演を依頼したのは一八八一年の冬でした、場所はＭＩＴ（当時ボストン市内にありました）。同年年末から翌年にかけて連続十二回にわたる日本紹介の講演でした。日本を機械文明に冒されていない純朴の国、美

ハーバード医科大学時代のビゲロウ

（Amos J. Wright, "Samurai Bill," *The Third Bigelow, Bulletin of Anesthesia*, Vol. 23, No. 3, University of Alabama）

術の宝庫と伝えるこの講演はボストン市民に強い衝撃を与え、未曾有の日本ブーム、日本旅行熱を煽りたてる結果となりました。この講演に魅了されて訪日したボストニアンに、ジョン・ガードナー夫妻、パーシバル・ローウェル、チャールズ・ウェルド、ヘンリー・アダムズ、ジョン・クーリッジ、フィリップス・ブルックスらの名前を挙げることができますが、その一番手がビゲロウでした。

チャールズ・G・ウェルド
（ピーボディー・エセックス博物館蔵）
Charles G. Weld: Photograph Courtesy of the Peabody Essex Museum

ビゲロウの来日

一八八二年春、モースの講演を聴いたビゲロウは、ボストン港の沖合にあるタカーナック島の別荘にモースを呼び、日本旅行の相談をしました。家族もなく費用の心配もないビゲロウはモースを説得、一八八二年五月、モースに六ヶ月の休暇を取らせて、自分は外来外科の仕事を一切放棄して日本に向かいました。

六月五日、フェノロサに迎えられて横浜到着。最初はモースに同伴する短期間訪日の予定でしたが、ヨーロッパ経由で帰国するモースを見送ってビゲロウは、その後八年間日本に留まり、フェノロサと共に美術品の蒐集と研究を続け、フェノロサの鑑画会活動を財政的に支援し、フェノロサと共に仏教を研究し、やがて改宗したのです。

フェノロサの美術品蒐集は古画専門でしたが、ビゲロウは仏像、浮世絵をはじめ根付《ねつけ》、鍔《つば》、舞楽面から能衣裳まで、日本美術全般にわたるものでした。蒐集法も大らかなもので、ビゲロウが風邪で臥《ふ》せっている時、古物商がベッドの下に押し込んでいった画幅をすべて言い値で買い取ったという話が残っています。偽物もありましたが、多くは貴重な文化財として、現在ボストン美術館に保存されています。莫大な資産を美術品蒐集に費やし、ボストン美術館には総計五万点に及ぶ寄贈品が蔵されています。ちなみに、ウェルドに託され、ボストン美術館蔵となったフェノロサ・コレクションは一千点余りです。

フェノロサは、明治十八(一八八五)年七月に来日し十二月まで滞在したウェルドに、それまでの蒐集品を譲渡しますが、これもビゲロウの斡旋によるものでした。譲渡の際、フェノロサはボストン美術館への寄託と遺贈を条件としたのです。

モースやフェノロサを説得し、蒐集品を将来ボストンに集め、ボストンを日本美術の中心たらしめようと提言したのもビゲロウでした（このことはモース晩年の著書『日本その日その日』に記されています）。フェノロサの譲渡条件もこれに従ったものです。モースも約束を守り、蒐集した日本陶器に時価十万ドルの値がついていましたが、ボストン美術館の募金による七万六千ドルで同館に納入しています。

これは余談ですが、一説に二十五万ドルと言われたフェノロサ・コレクションの売却金の行方はその後どうなったのでしょうか。売却後もフェノロサ一家はそれほど裕福になっていません。岡倉天心のクラスメートで、卒業後文部官僚になり森有礼の顧問格だった木場貞長《こばさだたけ》が、晩年の回想に「惜し気もなく某所に寄贈された」（『朝日新聞』昭和九年十月二十五日）と述べているのが気になっています。当時計画されていた国立の新設美術学校は西洋美術、少なくとも和洋二本立ての教育機関にすべきであるとするのが文相はじめ大方の世論でしたが、それに対抗してフェノロサ・岡倉構想は日本美術一辺倒でした。伊藤博文総理の、云わば「鶴の一声」でフェノロサ・岡倉の主張が実現するのですが、その政治工作に一役買ったのではないでしょうか。確証はありませんが、「寄贈」が事実ならそれ以外には考えられないのです。

仏像・仏画のコレクション

仏像・仏画は日本美術の主流です。二人の蒐集品でボストン美術館に収蔵されている秀作を何点か紹介します。

筆頭に挙げるべきは『法華堂根本曼陀羅』（収蔵番号 11.6120）でしょう。釈尊が二菩薩を従え、マカダ国の首都王舎城の東北にそびえる鷲の山で、法華経の説法をされている姿を麻布に描いた作で、紅衣をまとった釈尊が印象的です。古来、東大寺法華堂にあって、三月の法華会《ほっけえ》の中尊となる寺宝でした。法隆寺金堂壁画（焼失）や薬師寺吉祥天図（国宝）に劣らぬ奈良時代の名品ですが、明治初年の廃仏棄釈で流出、起立《きりゅう》工商会社を介してビゲロウが購入したものでした。この会社は伝統美術を再生産して国外に輸出する政府出

法華堂根本曼陀羅（奈良時代）

（ビゲロウ・コレクション、ボストン美術館蔵）
Photograph©Museum of Fine Arts, Boston

西智作　聖観音坐像（鎌倉時代）

（ビゲロウ・コレクション、ボストン美術館蔵）
Photograph©Museum of Fine Arts, Boston

馬頭観音像（平安時代）

（フェノロサ・ウェルド・コレクション、ボストン美術館蔵）
Photograph©Museum of Fine Arts, Boston

普賢延命菩薩像（平安時代）

（フェノロサ・ウェルド・コレクション、ボストン美術館蔵）
Photograph©Museum of Fine Arts, Boston

如意輪観音（平安時代）

（フェノロサ・ウェルド・コレクション、ボストン美術館蔵）
Photograph©Museum of Fine Arts, Boston

永久寺旧蔵　四天王図の一　広目天（部分）

（フェノロサ・ウェルド・コレクション、ボストン美術館蔵）
Photograph©Museum of Fine Arts, Boston

資の国策会社でしたが、参考品として集めた古美術を外国人に売ってドルを稼ぐことも商売にしていました。フェノロサに売却した古画も少なくありません。

『馬頭観音像』(11.4035)、『普賢延命菩薩像』(11.4036)、『如意輪観音像』(11.4032)はいずれも絹地に描かれた平安仏画で、フェノロサの蒐集品です。三面六臂、赤身を美しい装身具で飾り切金の輝く華麗な馬頭観音、三頭六牙の白象に乗る白身の普賢延命菩薩は如何にも女性救済の菩薩らしく慈愛に満ち溢れ、如意輪観音の金色の裸身と豊麗な六臂は観心寺の秘仏に迫る妖艶さを秘めています。いずれも、例えば醍醐寺など密教寺院の旧蔵と思われますが、フェノロサ会心の収穫だったことでしょう。

出所のはっきりしているのは鎌倉時代の四天王図（絹本着色四面 11.4061-4064）で、作者の名（重命）も分かっています。旧蔵は永久寺という大和石上《いそのかみ》神社の神宮寺でしたが、ここも神仏分離で廃寺と決まり、役人が検分に来ました。その様子を正木直彦はつぎのように伝えています（『回顧七十年』）。応対に出た住職は「私は今日から坊主をやめて神官になります。その証拠にはこの通り」と言って本尊の文殊菩薩を担ぎ出し、薪割りでいきなり一撃を食らわせました。「けしからぬ坊主だ」と住職はその場で放逐され、寺の仏像・

仏画は村の庄屋に、預り金を付けて無理矢理に押しつけ、後になって「処分勝手たるべし」との沙汰が出たとのことです。この四天王図も、そのような経緯で流出したのでありましょう。

鎌倉時代の代表的金銅仏とされる聖観音像（11.11447）は、台座の刻銘によって松尾寺（現在湖東三山の一つとして知られる滋賀県の金剛輪寺）旧蔵、文永六（一二六九）年西智作と、制作の時期と作者まで判明している端麗な仏像です。これも明治初年の無住時代に流出（恐らく盗難）し市場に出回っていたのをビゲロウが購入しました。現在金剛輪寺の金堂にはその御厨子が残っており、別の仏様（重文十一面観音）が納まっています。

赤松連城との仏教対話

赤松連城《れんじょう》。浄土真宗本願寺派の僧侶で島地黙雷とともに本山の改革に当たり、明治八（一八七五）年、二年八ヶ月に及ぶイギリス留学から帰国後は宗門教育の改革に尽力、のちに大学林綜理・仏教大学長・執行長など宗門の要職を歴任した人物です。英語に堪能なところから、関西古社寺探訪のフェノロサ、ビゲロウとは親しい間柄になっていました。

明治十七（一八八四）年十一月三十日（日曜日）のことです。上京中の赤松連城が神田駿河台のビゲロウ宅を訪れたとき、たまたまフェノロサがやってきました。「その声はアカマツではないか」と言いながら部屋に入ったフェノロサは、京都で会って以来の近事を話した後「せっかくの機会だから我が家へ来ないか」と、本郷加賀屋敷の大学教師館（現東京大学本郷キャンパス建築科付近にあった）に二人を招きました。昼食後、話は哲学のことに及びます。

赤松連城

フェノロサが「ヨーロッパの哲学のなかで、自分はヘーゲルの物みな三個相依って成るの理（弁証法の正反合三段階論理）を信奉している」と述べ、「神があれば魔があり、もしこの二つのみならば終始相戦わざるを得ぬわけだが、第三位に前の二者を統合したより高い判断があって、その宜しき得ることができる」と解説します。

すると連城師は、仏教でも、空仮中《クウケチュウ》の三諦《サンダイ》、また遍計所執性《ヘンゲショシュウショウ》・依他起性《エタキショウ》・円成実性《エンジョウジッショウ》の三性の教理、また有空中《ウクウチュウ》の理を説くことがあると紹介し、「ヘーゲルの物みな三を以て成るとの説は、例えば宗教（一）と学術（二）とを合成統一するものが仏教（三）ということになりませんか。また勢至菩薩は知恵を、観音菩薩は慈悲を司りますが、この知恵と慈悲とを兼有するのが阿弥陀如来と説くのは浄土真宗の常識です。これも三を以て成るの理に当たるのでは」と尋ねますと、フェノロサは手を拍って「仏教には既にそのような高尚な説があるとは知らなかった」と大いに嘆賞します。仏教辞典によりますと、三諦の「空」とは、あらゆる存在は実体のない空に過ぎないという真理、実体はないが様々な因縁によって仮りの存在とみなすのが「仮」、「空・仮」を超えた本体的真理を「中道」とする考え方。また三性の「遍計所執性」とは、十分に考慮され確実なものと信じられているが実は実体のない妄想であること、「依他起性」は他によって起こる性質、つまり因縁によって生起しているだけで固定した実体ではなく、ただ現象として現われているもの、「円成実性」は完全にして真実なる性質の意で、前二者を超越した絶対無二の境地、と説かれています。

連城はフェノロサに、是非仏教を研究して哲学者の公平な立場からキリスト教との優劣を判定して欲しいと要望し、さらに語を継いで「本地垂迹《ホンジスイジャク》」の説を紹介しました。まず「空気が膨張すれば圧力を生ずるという原理《プリンシプル》が本地、これによってジェームズ・ワットが蒸気機関という形《フォーム》あるものを発明したのが垂迹」と解説した後、「慈悲の理があって観音菩薩という迹を生じ、知恵の理が勢至菩薩の迹を生じたもの。かの千手観音は一見奇っ怪な像容ですが、これは百能具備の理と慈悲の理によって遂に柔和忍辱の容貌と千手の迹を現したもので何ら怪しむにあたりません。」

フェノロサは再び手を拍って驚き、そのようなことを仏教は説いているのか。あなたはアリストテレスを学んだことがあるのかと尋ねます。連城が首を振ると「プリンシプルからフォームを生ずるという本迹の説はまさにアリストテレスの哲学の説くところ。仏教にこの説あるとは、今まで聞いたこともなかった」とさらに驚嘆して止みませんでした。居合わせたビゲロウも同様だったと思います（以上は明治十七年十二月発行『万報一覧』第五十四号の「学術教育」欄に掲載されている記事です）。

仏教研究ノート

ヘーゲルやアリストテレスを想起させる仏教に、二人は余程驚嘆したのでありましょう。日ならずして講師を雇い、熱心な仏教教理の研究が始まりました。一八八五（明治十八）年六月二十七日の日付を記したフェノロサ筆仏教研究ノートが残っています（ハーバード大学ホートン・ライブラリー蔵 **bMS Am 1759.1(3)**）。

内容は仏教教理、特に「四種法身《シシュホッシン》」「五転《ゴテン》」「十縁生句《ジュウエンジョウク》」「遮情門と表徳門」など密教の基本的概念を述べた入門書をテキストに、おそらく講師の英訳解説を二十ページにわたっ

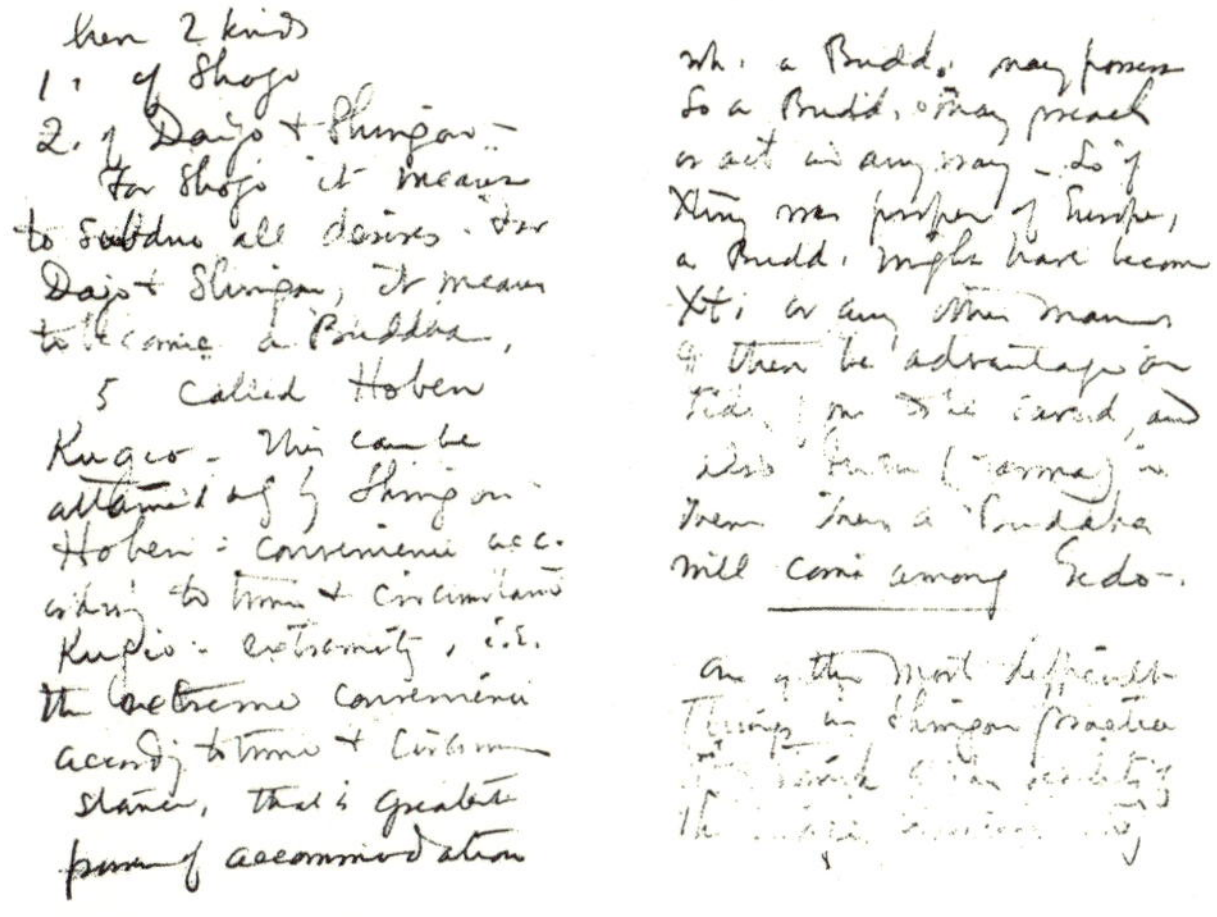
then 2 kinds
1. of Shojo
2. of Daijo + Shingon –
For Shojo it means
to subdue all desires. For
Daijo + Shingon, it means
to becoming a Buddha,
5 called Hoben
Kugio – this can be
attained of by Shingon.
Hoben = convenience acc-
ording to time + circumstance
Kugio = extremity, i.e.
the extreme convenience
according to time + circum-
stance, that is greatest
power of accommodation

wh. a Budd. may possess
So a Budd. may preach
or act in any way – So if
Xtianity was proper of Europe,
a Budd. might have become
Xt; or any other manner
if there be advantage on
side, for the sacred and
(karma) in
them, then a Buddha
will come among Sedo –.

One of the most difficult
things in Shingon practice

仏教研究ノート「方便究竟」説（ハーバード大学ホートン・ライブラリー蔵）

長男カノーを抱く明治 16 年前後のフェノロサ
（筆者蔵、George Manuel Fenollosa 氏より寄贈）

て筆記したものですが、テキストも解説者の名前も不明です。「十縁生句」中の「虚《コ》空華《クウゲ》」をショクウゲ《處空華》と読み違えた箇所などがあり、あるいは講師は専門家ではなく大学の教え子だったとも考えられます。

注目すべきは「五転」の説の最後すなわち「方便究竟《ホウベンクギョウ》」の部分です。「方便すなわち真実の教えに導いて他を利するため、ブッダは如何なる異教の姿をも取り得るとする真言行の最高段階」という講師の解説を筆記したフェノロサは、「キリストもまたブッダの化身のひとつたり得る」と書き加えているのです。これは仏教を哲学として理解した以上にフェノロサにとっては大きな発見でした。

美術講演で仏教擁護

このころのフェノロサとビゲロウは、狩野芳崖や文部省の岡倉天心らを加えて「鑑画会」という日本画家を育成・激励する組織を作っていました。会員の新作展示とフェノロサの美術論講演が主な活動で、「新しい時代に即した新しい絵画」を唱導し、古画の模倣を重視する農商務省系の「龍池会」に対抗する組織でした。

仏教研究ノートを取る以前の五月四日、フェノロサは京橋日吉町のホールで催された鑑画会の例会で、宗教と美術の関わりについて演説しています。通訳は有賀長雄でした。日本の美術は西洋模倣と旧弊盲従とを克服し新しい明治の美術を実現すべきであること、宗教もまた非妥協的なキリスト教の蔓延を防止し、旧態依然たる仏教を改革しなければならない、というのが講演の主旨でした。ここで彼は、キリスト教が知的性格に弱点を持ちながら実践道徳面に強く、逆に仏教が実践道徳面に弱点を持ちながら知的理念に強いこと、従ってキリスト教が知的完全さを求めれば仏教に近づき、仏教が道徳的完全さを目指せばキリスト教に近づくという興味ある見解を示しています。

当時耶蘇教と対決していた仏教徒たちにとって、このフェノロサ所論は西洋人による貴重な仏教優越論と映ったようです。翌月の仏教雑誌は「画題に仏教を用ゆるの得失」の見出しで直ちにフェノロサ演説の大意を紹介します。

……耶蘇教も今一層進化せば必ず仏教の如くなるものならんと思うなり。然れば日本将来の宗教は唯一の仏教あるのみ。たとい耶蘇教あるも結局仏教の範囲内にありて運動するものたるに過ぎざるなり云々(『令知会雑誌』第一五号)。

この記事は翌年九月の仏教雑誌『教学論集』にも再録されたほどでした。

神智学への関心

これはフェノロサ、ビゲロウの受戒後、明治十九(一八八六)年一月刊『令知会雑誌』に掲載されたものですが、「耶蘇教を捨て仏教に帰依した理由」について南条文雄《ぶんゆう》と平松理賢(平松理英の弟)とが質問しビゲロウが答えた記事が出ています。

ビゲロウは数項目に亘って両者を比較しました。仏教が「哲学」であり自然科学にも背馳しないことなどを挙げた後、ひとつの注目すべき発言をしています。原文をそのまま紹介します。

……仏教中には世間幾多の学問以外に一の別路を開けり。その別路とは人の思想を読む術(即ちソートリーデング)、次に動物電気術、次に神智学等の事を完全したる者なり。

耳なれない言葉が続出しますが、「人の思想を読む術」とは一八八〇年代欧米で関心を集めていた「テレパシー」のこと、「動物電気術」とは「動物体内に発する一種の電気作用」によって人を「催眠状態」にすること(『大辞典』平凡社、昭和十年)です。いずれにせよこれは、ビゲロウが密教のオカルト的要素に強い関心を抱いていたことを物語っています。また「神智学」(Theosophy)ですが、これは本来「神秘的・直観的霊智によって神を体験・認識しようとする(大辞林)」もので、西洋には古くからあった神秘説でした。しかしビゲロウの言及した神智学は、一八七五年ブラヴァツキ夫人がオルコットと共にニューヨークに設立した神智学協会（Theosophical Society）という教団のことです。その後教会本部はインドに移り、仏教やヒンドゥー教から輪廻《りんね》、業《カルマ》、解脱《げだつ》等の教義を採用して教団は著しい発展を遂げ、各国の信徒は十万人に及んだと言います。

身口意《シン・ク・イ》三密の修行によって大日如来との合一を達成し、「即身成仏」を得ると説く密教こそ、テレパシーの秘密も、宗教的恍惚状態の謎も解明し、神智学を完成させるもの、とビゲロウは考えたのでありましょう。

オルコットは「西洋の仏教徒」として明治十八年に日本に招かれ、仙台、東京、山口などを巡廻講演しましたが、大乗仏教と違ってオカルト色の濃いその説教に日本の仏教者たちはかなり戸惑いをもって接したようです。

戒律を守る

フェノロサ、ビゲロウが三井寺法明院の桜井敬徳（教導職中教正）に受戒した明治十八（一八八五）年九月二十一日は、前記ノートを取って三ヶ月後のことです。町田久成の小梅村の別邸で受戒したことは前にも述べた通りです。同年九月一日に「教用にて此の程出京」（『東京日日新聞』）した敬徳阿闍梨を二人はしばしば小梅村に訪れては仏教教学に関する質疑を重ね、遂に二十一日の受戒に至ったものです。

受戒とは仏門に入ろうとする人が仏法の戒律を遵守することを誓う儀式です。フェノロサの受けた戒律は「菩薩戒」、ビゲロウは「十善戒」でした。

「菩薩戒」は「梵網戒」とも呼ばれ、十種の重禁戒と四十八の軽戒から成り、前者は殺生、偸盗《ちゅうとう》、邪淫、虚言、酒の売買、誹謗、吝嗇などの重罪、後者は飲酒《おんじゅ》、食肉、

三井寺法明院全景（筆者撮影）

食五辛、蓄殺生具、貪財惜宝など比較的軽微な罪に対する戒めです。

フェノロサはそれまで酒を嗜み、ビフテキを好み、旅行中は護身用にピストルを携行していたという記録もありますが、以後肉食を絶ち(『東京日日新聞』同年十一月二十五日)、おそらく武器携行もアルコオルも控えたことでありましょう。

またビゲロウの「十善戒」は不殺生《ふせっしょう》、不偸盗《ふちゅうとう》、不邪淫《ふじゃいん》、不妄語《ふもうご》、不綺語《ふきご》、不悪口《ふあっく》、不両舌《ふりょうぜつ》、不貪欲《ふどんよく》、不瞋恚《ふしんい》、不邪見《ふじゃけん》という在家信者の守るべき十種の戒律で、「梵網戒」の十重禁戒と大きな違いはありません。

受戒した二人がそれぞれ諦信《たいしん》、月心《げっしん》の法号を授けられ、敬徳が二人のために梵網菩薩戒経を講じたことも既述しました。

桜井敬徳を慕う

入信には様々な動機がありましょうが、心の救いを体験した結果ということが多いようです。二人の場合はむしろ、キリスト教と較べて仏教とくに密教の教理がより哲学的であると認識した結果と考えられますが、キリスト教では得られなかった心の拠り所を仏教に求めたのは、桜井敬徳の人格的感化が大きかったのではないでしょうか。敬徳は僧侶の肉食妻帯が認められても戒律を厳守し布教に命を賭ける高僧でした。

フェノロサはのちに(一八九三年)東洋と西洋との融合を謳った長詩『東と西』を出版しますが、その中で亡き敬徳を「白衣の僧」として登場させ、自註を付して次のように賛仰の言葉を列ねています。

琵琶湖湖畔天台宗三井寺の敬徳阿闍梨を、もっとも霊感に満ちた、また誠実にして惜しむ所なく宗教上のことがらを教示された我が師として、私は今でも崇敬してやまない。京都、奈良、および日光の近傍で師と共に過

日光でのフェノロサとビゲロウ(両端、中央は桜井敬徳か)(Dorothy G. Wayman, *Edward Sylvester Morse: A Biography*, 1942)

ごさせていただいた日夜は、実に貴重な時間であった。師こそはまさに、精神界における騎士道の崇高なる規範であった。一八八九年、師はこの世を去った。西洋の精神は、東洋の人々が貴重な遺産として守ってきた崇高なる教義をやがて受容し得るほどに成熟している、と師は確信しておられた。

フェノロサもビゲロウも、欧米出張中（明治十九年十月より一年間、ビゲロウ同行）敬徳との文通を中断していません。米国から欧州に向かう船上から敬徳に宛てた年賀状が法明院に残されています。新年の賀詞に続けて、師が日本のみならず全世界を済度するために仏教再興に尽力されていることと自分たちの西欧美術調査とは、実は同じ目的であり、世界の美術に大いなる革新を与えたいものと記され、

大西洋一八八七年一月一日　貴下ノ信愛ノ弟子諦信ＥＦフェノロサ　大津　桜井敬徳大和尚貴下　二白　月心ヨリ宜申出候

と結ばれています。訳者は竹中成憲。モースの助手を務めた少年宮岡恒次郎の兄で、医学部出身、ベルツ門下の医師です。

明治二十一年の政府による三井寺宝物調査の折、フェノロサは岡倉天心と共に法明院を訪れて敬徳の法話を聴き、大津名物の精進料理をご馳走になった上、数日間止宿したと敬徳は日誌に記しています。法明院はフェノロサにとって、すべての俗事を忘れ清浄な雰囲気の中で心を休める別天地となりました。

公務に縛られることのなかったビゲロウもしばしば法明院を訪れ、また敬徳を東京に招いて教理上の疑問を質しました。ボストン美術館(ビゲロウは後にその理事になっています)とハーバードのホートン・ライブラリー、及び法明院には、それぞれ数通の書簡が資料として保存されています。いずれも質疑応答の手紙で、翻訳は岡倉天心か弟の岡倉由三郎が引き受けています。

法宇斯《フォスター》のこと

よく布教は入信の証左と言われますが、フェノロサの妻リジーは受戒に応じませんでした。後述しますが二度目の妻メアリは夫の勧めに従って、敬徳の後継者直林敬円阿闍梨に受戒しています。ビゲロウは生涯独身を貫いた人で配偶者はおりませんが、知人の米国海軍士官フォスターを敬徳に紹介し、明治二十二年五月二十六日、上野の護国院（現存、東京藝術大学に隣接）で受戒させています。フォスターは横浜寄港中の軍艦オマハ乗務の士官でした。

このニュースは「米人受戒」の見出しで仏教雑誌『獅子吼』（同年八月刊）に、『明教新誌社説』の記事

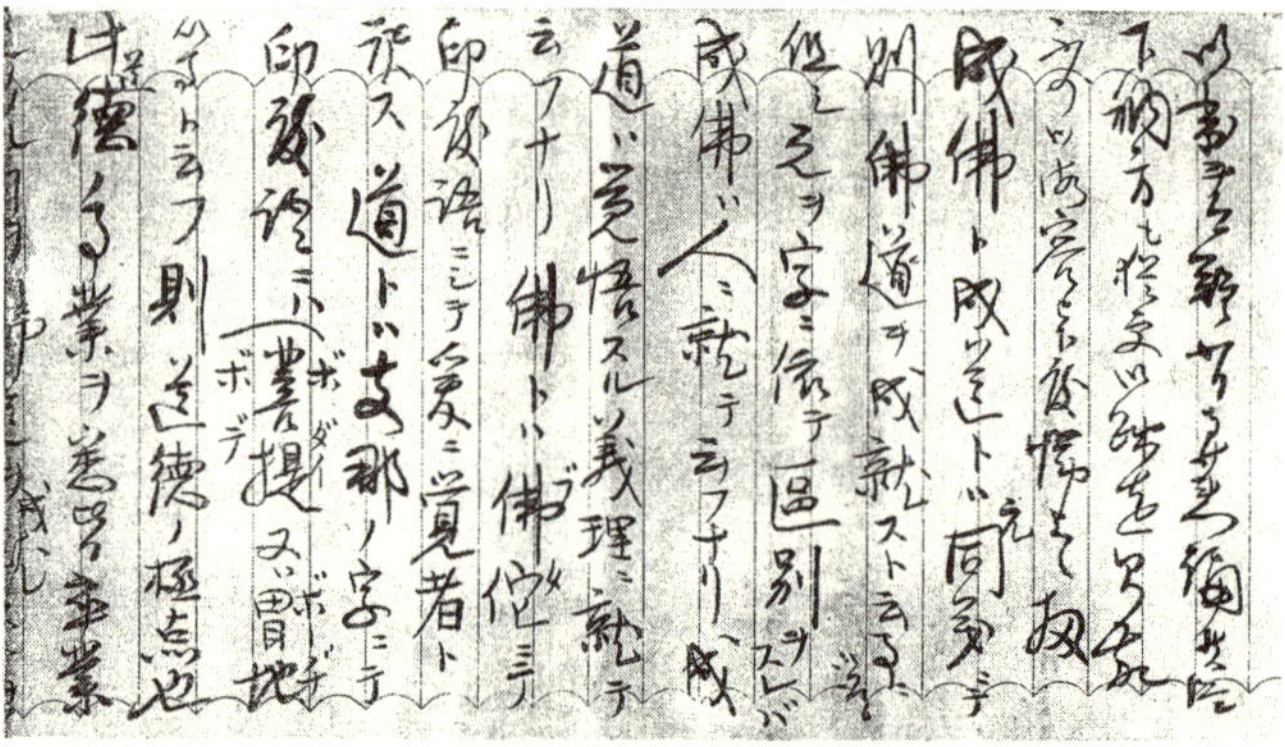

岡倉由三郎を介してビゲロウの質問に答えた桜井敬徳の書簡（ボストン美術館蔵）

す、如何となれば同氏の論する所の如きは明治五六年頃の……念の入りたる虫甕たらけの……今日は遼東の豕其の(以下暫く介知會の說を借用す)演説講義等哲理講究を非するに至りては我輩大ひに之を拒まさるを得ず何となれば加藤氏の論は宗教は學理に背反する者なりと云を以て基礎として此論を立てられたれ共是れ耶蘇教の如き只情想に成る宗教は學理に背くを以て哲學講究の不利益たる勿論なるべし佛教も大覺慈尊與理證見の上の說たれば萬古不易世の進化に從て益々其說の確乎たる所以を顯すに在れば之を講究するは……本來の面目とも云ふべき程の事なり佛教の信は勝解に依て立つ者にて耶蘇宗教の專ら情想に依て立つ默從盲信の類にあらざるなり加藤氏幸に佛教の性質を檢尋して而後之れが論評を下す處あれ、あゝ其策は善くもあれ惡くもあれ余輩は只管に同氏の御手數を謝せざるを得ざるなり

○米人受戒　曾て米國の學士フヱノロサ氏は三井の法明院櫻井敬德律師の戒弟となり菩薩戒を傳受し戒名を諦信居士と授けられ又同國學士ビゲロー氏も同しく律師より戒を受けて戒名を月心居士と授けられたるとは今は早や世に隱れなき美談と成り居れど其後外國人の大乘戒を傳受せし者あるを聞かざりしが、此頃横濱滯在の米國軍艦乘込士官チヤーレス、エー、フヲスター氏は諦信月心兩居士の紹介を以て櫻井律師の戒弟たらんことを懇請せしかば律師は近頃御病氣にて世間の事は固より論なし出世の白業をも大方は休息し居らるゝにも拘はらず病を力めて先月二十六日上野公園護國院の古道場に於て十善戒を授與し法號を天心居士と授けられ同く二十一日に三聚瑜伽の法教を傳授せられしがチヤーレスの天心居士は其篤信精進なる聊かフヱノロサの諦信居士ビゲローの月心居士等に劣る所なく揃て佛祖を米國に傳播せんと喜び勇んで横濱の軍艦へ皈られたる由、先頃は遠方はる〳〵と小乘信者のオルコット氏を印度より招請し多くの僧侶が附添ふて多くの金と多くの光陰を費し三府其他の重立たる所を巡回して紫衣緋服の胡人が佛教の演説を爲しゝとて僧侶も喜び世人も珍らしがりたるは幾分か今日の佛教弘通に力を與へしには相違なし、然れども遠方はる〳〵と多くの金と多くの光陰を費して小乘信者の胡人を招聘し來らずとも我が日本に久しく滯在し日本の爲には一方ならぬ盡力家にて而も我々と共もに大乘の菩薩子なる、フヱノロサの諦信居士もあればビゲローの月心居士もあ

フォスター受戒の記事（『獅子吼』第1号 明治22年8月刊）

を紹介する形で報じられています。敬徳は病気を圧して「護国院の古道場に於いて十善戒を授与し法号を天心居士と授けられ、同じく二十一日（三十一日の誤植）に三密瑜迦の法教を伝授」。フォスターは「仏種を米国に伝播せんと喜び勇んで横浜の軍艦へ帰られたる由」。

フォスター受戒のことは敬徳の書状（ビゲロウ宛五月二十三日）にも触れられ、名は「フヲス様」です。さきに紹介した町田久成の『敬徳大和上畧伝』では「法宇斯」の字が当てられました。天心の法号を授けられて仏教徒になり、米国での布教を誓ったフォスターのその後の消息については、残念ながら未だに不明です。

フェノロサが育てた仏教者

前述のように市民講座「宗教沿革論」はキリスト教の拡大に対抗する仏教界の強力な助勢となり、またビゲロウと共に始めた仏教研究や美術講演での仏教擁護論は一般市民にも温かく歓迎されましたが、フェノロサは大学の講義でとくに仏教を鼓吹したことはありません。しかし学生の中から二人の偉大な仏教者が現れました。井上円了と清沢満之《まんし》です。

井上円了は新潟県来迎寺村（現越路町）の慈光寺という浄土真宗大谷派の寺に生まれた人です。新潟英語学校在学中に京都の本山東本願寺に呼ばれ、将来僧侶養成の教師学院教授となるため、給費留学生として東京大学に派遣されました。東京大学予備門（大学と同じ一ツ橋のキャンパスにあった三学年制の予科）に入学したのが明治十一（一八七八）年、二十歳。フェノロサの来日と同じ年でした。この年フェノロサは予備門で経済学を兼担していましたので、入学早々フェノロサの謦咳に接したことになります。廃仏棄釈の悲劇を体験し耶蘇教や仏教の将来を懸念していましたので、「宗教沿革論」をも当然熱心に聴講したと思われます。

井上円了
（『東洋大学創立五十年史』昭和 12 年）

文学部に進学し哲学を専攻した円了にとって、フェノロサのスペンサー、カント、ヘーゲルの哲学講義はまさに眼を開かれる思いでした。語学ができないため、或いは学資がないため大学に入れない人たちに開かれた学校を作りたい、これが円了の切実な願いとなります。

清沢満之

明治十八（一八八五）年七月大学を卒業した円了は、俗界に在って布教に努めたいと本山に懇請して京都に戻らず、本郷に私塾哲学館を開き友人たちの協力を得て授業を開始します（明治二十年九月）。これが現東洋大学の発祥でした。授業の主体は哲学と政治学と理財学。フェノロサが担当した学科と全く同様のカリキュラムでした。

明治二十（一八八七）年七月帝国大学文科大学（前年三月東京大学文学部改称）哲学科を卒業した清沢満之（旧姓徳永）も、東本願寺から派遣された留学生でした。お寺の生まれではありませんでしたが、縁あって東本願寺育英学校に在学していた人です。予備門を経て明治十六年大学哲学科に進学。フェノロサ（明治十九年大学退任）には哲学、論理学、社会学、審美学を学んでいます。大学院在学中、哲学館に出向して井上円了を助けましたが、円了とは違って本山に戻り、宗門の教育と改革に生涯を捧げました。仏教における近代的信仰の樹立者として、キリスト教の内村鑑三と並び称される人物です。

明治三十年満之は四十一歳の若さで病死しましたが、晩年真宗大学（現大谷大学の前身）の学監だった頃、二度も三度も「フェノロサ氏を米国から招こうか」と言われたと、これは満之門下の学僧で後に大谷大学学長になった佐々木月樵の回想です。フェノロサの講義は満之にとってそれほど印象の強いものでした。満之と円了とは共に、詳細なフェノロサ講義のノートを残しています。

布施、寺宝の保護

以前ボストン美術館東洋部で、東京府知事渡辺洪基《こうき》からビゲロウに宛てた礼状を見たことがあります。明治十九年二月十八日付で、前月二十九日神田神保町よりの出火に際し罹災者への救恤《きゅうじゅつ》金百円を受領したという感謝状でした。ビゲロウは帰国してからも社会事業や学会への寄付を惜しみませんでした。ボストンきっての資産家でしたが、仏教徒として、六波羅密の最初の徳目である「布施」行の実践だったと思います。

フェノロサは仏教に関わる以前から古美術の保護に強い関心をもっていたようで、例えば明治十三年に初めて関西旅行をしたとき、東福寺に寄進して寺宝を修復させた記録があります。明治十七年の夏、文部少輔九鬼隆一の関西古社寺調査団に加わって法隆寺に赴いたとき、同行のビゲロウは寺宝の巨勢金岡筆と伝える破損した花鳥画などを自費を投じて修復させますが、これもフェノロサの慫慂《しょうよう》によるものでした。

余談ですがこの年法隆寺夢殿開扉事件があったとされていますが、これは岡倉天心の記憶違いによるもので、法隆寺の記録から推してもフェノロサの証言(『センチュリー・マガジン』一八九八年五月号所載「アウトライン・オブ・ジャパニーズ・アート」)によっても、明治十九年とするのが正しいようです。

明治二十一(一八八八)年夏、政府は宮内、内務、文部の三省合同の大規模な関西古社寺宝物調査を実施しました。首班は九鬼隆一。古美術に精通したフェノロサは顧問格で指導的役割を果たしました。調査の模様は連日各新聞が報道しましたが、とくに同行したビゲロウの「義挙」が話題を提供しています。巡回する寺院には「仏前へ種々の美香を供え」、修復を必要とする品には「修繕料として金五十円或いは百円を寄付せし所少なからず」といった具合で、そこには明らかに仏教徒としての意識が窺えます。

援助を受けた寺院が何処であったのか、現在は唐招提寺、桜井市の聖林寺以外は不詳です。フェノロサはすでに明治十九年に聖林寺を訪れ秘仏であった「十一面観音立像」(国宝、奈良時代)を拝観していました。同二十一年六月調査団一行と共に再訪。このとき観音像の御厨子が腐朽しているのを見て、ビゲロウはフェノロサと連名で金五十円を寄進し厨子を新造させます。

新しい厨子は秋に完成。火災のとき背後の土間に容易に引き出せるように設計されていました。現在観音像は鉄筋コンクリートの観音堂に安置されていますが、復元された御厨子が本堂に飾られています。

調査旅行中、同年六月五日フェノロサは奈良三条通りの浄教寺を会場に「奈良の諸君に告ぐ」と題する講演会を開き、またビゲロウは八月十七日京都室町の宝錦舎で講演しますが、いずれも市民に仏教文化財の重要性とその保護の必要性を訴えるものでした。

聖林寺十一面観音像
（望月信成『美の観音』創元社、1960）

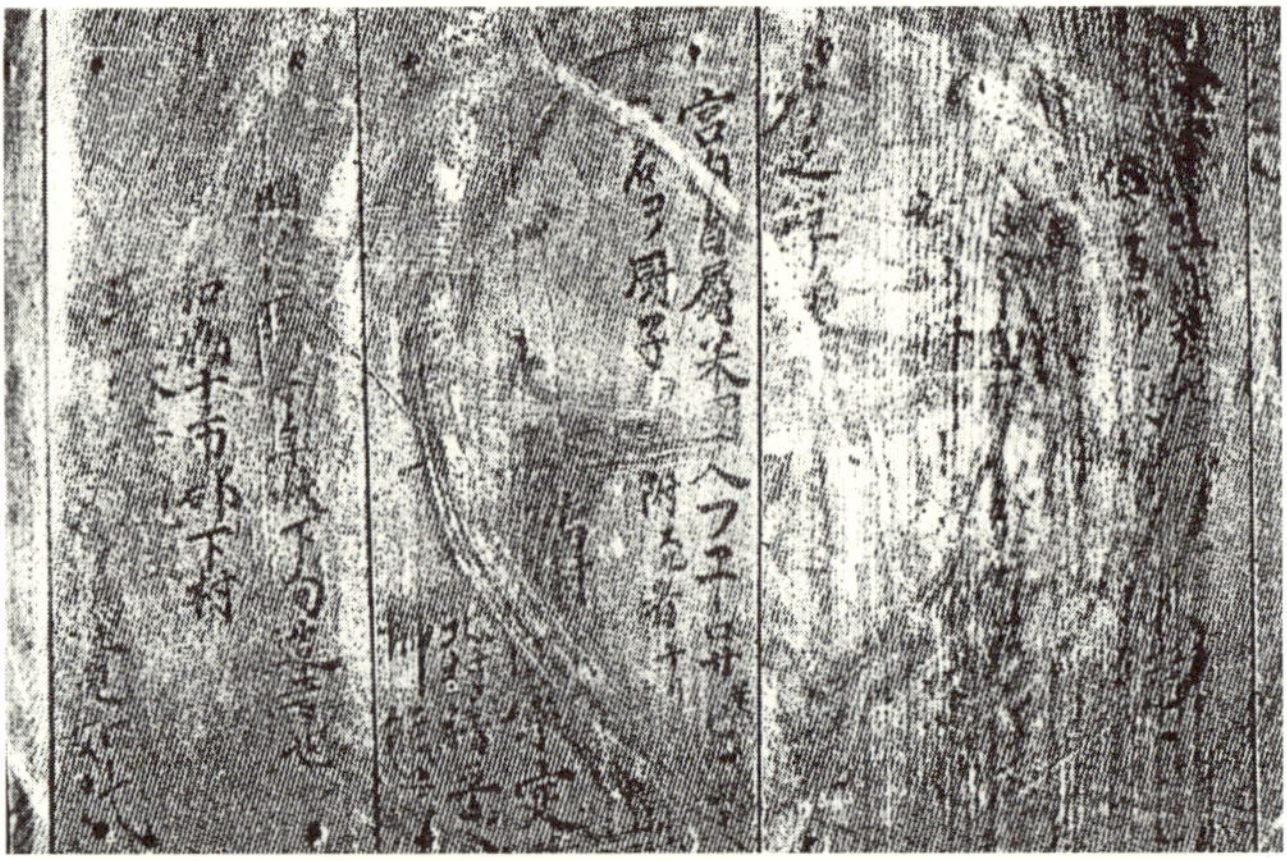

十一面観音像旧厨子底板の墨書（寺尾勇『ほろびゆく大和』創元社、1968）

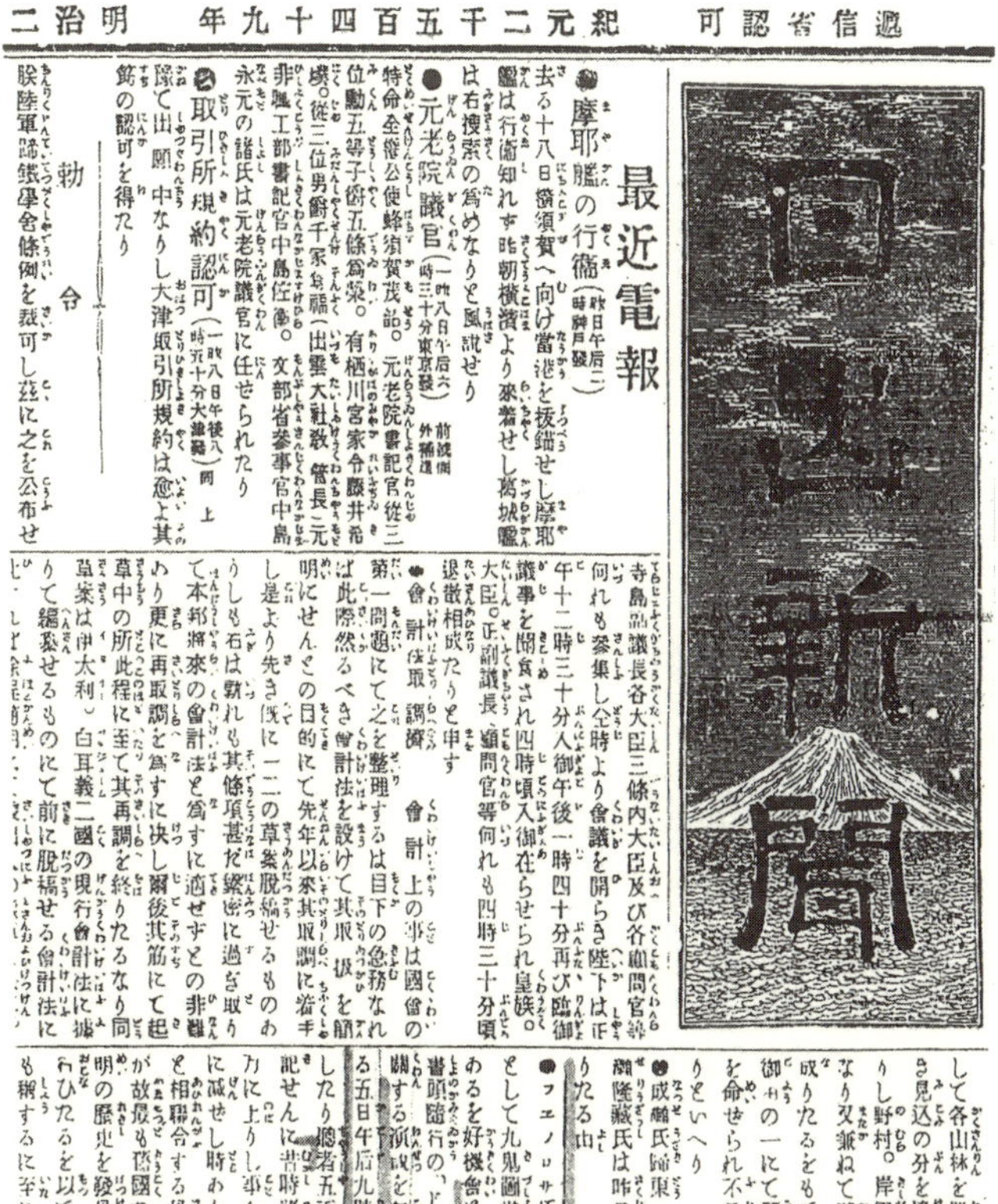

遞信省認可　紀元二千五百四十九年　明治二

日出新聞

最近電報

●摩耶艦の行衛（昨日午后二時神戶發）　去る十八日須賀へ向け當港を拔錨せし摩耶艦は行衛知れず昨朝横濱より來着せし葛城艦は右捜索の爲めなりと風說せり

●元老院議官（一昨八日午后六時三十分東京發）前號欄外補遺　特命全權公使蜂須賀茂韶。元老院書記官從三位勳五等子爵五條爲榮。有栖川宮家令藤井希璞。從三位男爵千家尊福（出雲大社敎管長）元非職工部書記官中島佐衡。文部省參事官中島永元の諸氏は元老院議官に任ぜられたり

●取引所規約認可（一昨八日午後八時五十分大津發）同上　豫て出願中なりし大津取引所規約は愈よ其筋の認可を得たり

勅令

朕陸軍蹄鐵學舍條例を裁可し茲に之を公布せしむ

寺島副議長各大臣三條內大臣及び各顧問官等何れも參集し全時より會議を開らき陛下は正午十二時三十分入御午後一時四十分再び臨御議事を開かされ四時頃入御在らせられ皇族。大臣。正副議長、顧問官等何れも四時三十分頃退散相成たりと申す

●會計法取調　會計上の事は國會の第一問題にて之を整理するは目下の急務なれば此際然るべき會計法を設けて其取扱を簡明にせんとの目的にて先年以來其取調に着手し是より先き既に一二の草案脫稿せるものありしも右は孰れも其條項甚だ綿密に過ぎ取りて本邦將來の會計法と爲すに適せずとの非難あり更に再取調を爲すに決し爾後其筋にて起草中の所此程に至て其再調を終りたるなり同草案は伊太利、白耳義二國の現行會計法に據りて編纂せるものにて前に脫稿せる會計法に比し

して各山林を巡視したる帝室森林に編入すべき見込の分を協議ある爲めにて尚て山林掛たりし野村。岸田の二属を随へたるも之が爲めなり又兼ねて鴨川改修に關する圖面等も調製成りたるをもて此事を內務大臣へ稟議するも御用の一にて疏水事務所理事坂本則美が東上を命ぜられ不日出發するといふも之がためなりといへり

●成瀬氏歸東　東京高等商業學校教頭成瀬隆藏氏は昨日京都出發滋賀を經て東京へ歸りたる由

●フェノロサ氏演說大意　今度美術品取調として九鬼圖書頭の一行が久しく奈良に滯在あるを好機會として奈良市街の有志者より圖書頭隨行の「ドットル」フェノロサ氏に美術に關する演說を乞ひしに同氏は直に承諾して去る五日午后九時より町淨教寺に於て演說したり聽者五百人餘あり今其演說の大意を畧記せんに昔時羅馬の隆盛を極めたるや人口百万に上りし事あり又其極衰の時には人口五千に減せし時あり然れども羅馬法王と歐洲帝王と相聯合する最好機會ありて其國を保存せしが故最も高國たる羅馬の諸物より美術宗敎開明の歷史を發見し文學風俗の改良を圖るを行ひたるを以て人羅馬を目して歐洲の寶庫とも稱するに至れり奈良は日本に於て最古の帝

浄教寺でのフェノロサ演説を報じた明治 21 年 6 月 10 日付『日出新聞』

とくに前者、奈良浄教寺での講演は市民有志の要請によって実現したもので、午後九時に開演して深夜に及んだにも拘わらず、税所篤《さいしょあつし》奈良県知事はじめ市民五百余名が熱心に聴講したと、当時の新聞が伝えています。

道場の建設と敬徳の示寂

高徳の僧として知られた敬徳阿闍梨は需めに応じて各地に巡錫しますが、日光など関東地方を巡回した帰途、東京では町田久成の小梅村の別邸か、雪信の戒号を与えられた岡倉天心の根岸の私邸に止宿することが多かったようです。

岡倉邸に止宿したときのエピソードがあります。食事はもちろん精進料理で、調理も給仕も一切女人禁制。狩りだされたのが天心の遠縁にあたる画家の岡倉秋水でした。秋水の直話として故柳田暹暎大僧正（三井寺学問所）の伝える話です（「フェノロサと三井寺」『湖国と文化』第四号所載）。持戒に徹した敬徳の日常が彷彿されます。

明治二十二年春、ビゲロウは師の宿泊所を兼ね、説法や受戒のための道場として私財を施入し、小石川久堅町（現在の東京学芸大学付属竹早小学校付近）に「円密道場」の建設を始めていました。フォスターの護国院での受戒は、この新伽藍建設中のことでした。「円密」とは天台密教のことでしょうか。「天台宗と真言宗」の意味だとすれば、ビゲロウが三井寺（天台宗）のみならず真言密教にも関心を抱いていたことが想像されます。ところが同年十二月十四日、体調を崩して日光から戻り療養していた敬徳は、フェノロサ、ビゲロウの懸命の看護も空しく、竣工直前の新道場で遷化《せんげ》しました。享年五十六歳でした。『敬徳大和上畧伝』には、

十一月下旬宿痾マタ発シ米国両信士西医ヲ引キテ診セシムレドモ医薬終ニ効無ク十二月十四日午後六時右脇シテ寂ス　弟子寛良本山ヨリ至ル　越エテ十九日柩ヲ奉ジ遺体ヲ護持シテ本山ニ帰リ法明院歴世ノ墓域ニコレヲ斂《オサ》ム

と記されています。記述者町田久成は、これを機に元老院議官を辞職して剃髪、僧籍に入ったほどの衝撃でした。

町田久成の墓
（三井寺法明院、筆者撮影）

伊東甚八画 町田久成像（油彩画）
（三井寺法明院蔵）

竹内久一作　桜井敬徳阿闍梨ブロンズ像（三井寺法明院、筆者撮影）

寛良（直林寛良）はのちの法明院阿闍梨敬円。第一五六代園城寺長吏になった人です。ビゲロウは引き続き敬円を師として天台教学を学び、法明院には布施や物品の寄贈を続けました。敬徳の十三回忌には敬徳のブロンズ像（竹内久一作）を寄進、翌年（一九〇二）久しぶりに法明院を訪れ除幕式に参列しました。この時も墓域を補修した上、莫大な額の布施をしています。琵琶湖を見下ろす法明院庭園に接した山道に、ブロンズの敬徳阿闍梨が、フェノロサ、ビゲロウ、町田久成の眠る墓域を守っています。

心の拠り所を失った天心は、その後も弟の由三郎と共にビゲロウと敬円との交信の訳者を務めますが、新たに室生寺の住職丸山貫長に師事して真言密教に傾倒して行きます。

フェノロサにとっても前述の長詩『東と西』で回想されている通り敬徳は忘れ得ぬ存在となりますが、明治二十九年二度目の来日の折、京都でしばしば真言僧和田智満の法話を聴いています。おそらく天心の影響かと思われます。

敬徳示寂の翌年、フェノロサもビゲロウも帰国します。寂びれる一方だった円密道場ですが、これは天心が校長になった東京美術学校のキャンパスに移築され、式場や集会の施設として使用されました。約七十坪、格天井のある桃山風の建物で、間口二間の玄

小石川にあった円密道場
（柳田暹暎「法明院とフェノロサ」『園城寺』第４号）

関が付いていました。戦後に取り壊され、現在はその跡地に東京藝術大学美術館が建っています。写真は前述の柳田暹暎師が大学から取り寄せた古い資料の一つで、雑誌『園城寺』第四号所載「法明院とフェノロサ」に掲載された円密道場の外観です。

フェノロサは明治二十三年六月、契約満期となって文部省（東京美術学校幹事）・宮内省（帝国博物館理事）を退官、翌月家族と共に帰国。同時にビゲロウも帰国してボストン美術館理事となり、フェノロサは同館に新設された日本美術部キュレーター（五ヶ年契約）となってウェルドに譲渡した蒐集品やビゲロウの寄託品を管理し、収蔵品目録を作成する任務を与えられます。

第二章　波乱の航海

ボストンへ

帝国大学（明治十九年三月東京大学改称）から四ヶ年契約で文部省（宮内省兼任）に転出したフェノロサは、岡倉天心と一心同体となって欧米美術事情の視察、関西古社寺の宝物調査、東京美術学校の創設という美術行政官としての大任を果たし、明治二十三（一八九〇）年六月契約満期となって帰国、九月からボストン美術館に勤務することになります。勅任官待遇、年俸六千円は各省次官級の給料で、フェノロサとしては当然契約の更新を望んだのですが、美術学校年間経費一万二千円の中からフェノロサの年俸六千円を支払うのが美術学校開設の条件であった以上、翌年から校長になる盟友の

カプリー・スクェアにあったボストン美術館
（*The Bulletin of Museum of Fine Arts, Boston*, No. 38, 1909）

岡倉天心も、その希望には添いかねる立場にありました。事実フェノロサの去った後七人の教職員を雇うことができたほどです。

当時のボストン美術館はボストンの都心カプリ・スクエアに面していました。一八七六年に開館して以来富裕市民の寄贈、寄託によってコレクションは次第に増強され、とくに日本美術の発展は目覚しいものがありました。ボストン美術館寄託を条件にウェルドに譲渡された旧フェノロサ・コレクション、ビゲロウの寄託品・寄贈品など三千点余りの絵画を管理するため、新たに日本美術部を開設することになり、フェノロサがキュレーターに指名されることになったのです。日本美術部の新設もフェノロサ指名も、実はビゲロウの影響力によるものと考えられます。ビゲロウの父ヘンリーはハーバード大学医学部教授でボストン美術館の理事でした。ビゲロウ自身も、父が一八九〇年十月に他界して理事となり、

ボストン時代のフェノロサ
（ボストン美術館蔵）
Photograph©Museum of Fine Arts, Boston

終生ボストン美術館への援助と寄贈を続けます。

一方フェノロサは、ボストン美術館理事会とは五ヶ年契約、年俸二千五百ドル。キュレーターとして特に安い給料ではありませんが、当時の為替レートからすれば二千八百円、日本での俸給の半額以下でしたが、収蔵品解説目録の作成が主任務、加えて相次ぐ企画展の開催とその目録執筆、館内外における講演と執筆活動、ときわめて多忙な毎日を送ることになります。

帰国したフェノロサの抱負

この時期のフェノロサの仏教に関わる記録として、一八九一（明治二十四）年五月一日付の興味深いメモがホートン・ライブラリーに残っています（bMS Am 1759.2 (60)）。アメリカにおける自分の抱負を書き記したもので、アメリカを理想的社会に変革するために、

……日本人の美的感覚、それを育んだ日本の仏教理念、同胞意識と犠牲的精神、平

和と寛容、協調と人類愛に象徴される菩薩の心が必要だと結んであります。

一八九三（明治二十六）年のシカゴ万博を前に出版された長詩『東と西』も、アメリカを西洋と東洋との中間に位置する国と見定め、西洋の物質文明と東洋の精神文化とを融合することによって新しい理想的な文化をアメリカに芽生えさせようとする主旨のものでした。その最終章「東と西の将来の結合」には〈西洋の男性的力と東洋の女性的な美とが美術と宗教を媒介として合一する〉理想の境地が謳われています。東洋的価値観とりわけ日本仏教に対する深い愛着が詩の全編に滲み出ています。

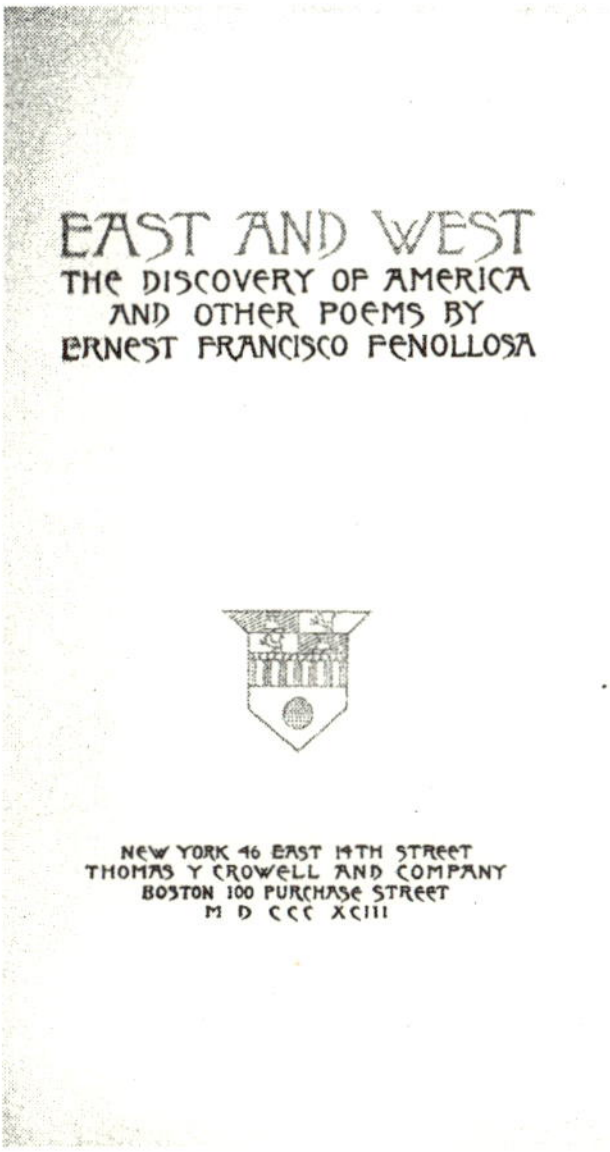

詩集『東と西』扉（筆者蔵）

アメリカでの仏教活動

しかしフェノロサがアメリカで実践的仏教活動を行った記録は見当りません。シカゴ万博に付随して万国宗教会議が開催され、日本からも多くの仏教者が参加しました。共に桜井敬徳の弟子で、フェノロサ、ビゲロウ改宗のきっかけを作った前元老院議官町田久成（当時三井寺光浄院住職）も出席したと伝えられていますが、両者が邂逅した記録は発見されていません。

当時アメリカでは東洋の宗教への関心が高まっていましたが、それは日本仏教ではなく既述した神智学でした。この頃と推定されるフェノロサの神智学に対する痛烈な批判の文書がイザベラ・スチュワート・ガードナー美術館所蔵書簡集の中にありました。ガードナー夫人に宛てた私信で、夫人の問い合わせに対し、小説家マリオン・クロフォードの仏教論を反駁したものです。クロフォードは仏教と神智学とを混同している、自分や友人のビゲロウが信奉する真の仏教とは大乗仏教を措いて他にない、そのことを是非理

マリオン・クロフォード

イザベラ・スチュワート・ガードナー

解して欲しい、とガードナー夫人を説得する熱意にあふれた書信でした。少々くどくなりますがフェノロサ所論の要点を紹介しておきます。クロフォードはオカルト説を重視し、密教を神智学的に解釈して人気を得た知識人でした。キリスト教の「主の祈り」を仏教的に解釈したようですが、これに対してフェノロサは、「到底仏教的とか東洋的とか言えるものではなく、むしろドイツ流の先験論とイギリスの心霊研究とが結合したもの」と批判し、本来の仏教者は決して、少なくともその修行の基礎として普遍とか絶対・宇宙・本質・純粋存在といったヨーロッパ的理屈を説いているのではありません……クロフォードの言う仏・法・僧三宝の解釈もドイツ形而上学的考え方で誤っていますし、宗教的法悦に関する見解も修行経験の無さを露呈したものです。また、仏教で言う「救い」も、究極的には決して「自己の魂の救済」ではなく、「他を利するために己れを犠牲にすること」であって、これがカトリックと密教との共通的基盤であることにクロフォードは気付いていないのです。

利他行の実践をフェノロサは、仏教徒としての基本的生活と考えたようです。

密教は人間の向上を期待する宗教ですが、人間向上の仕方は多種多様で、一つの定まった法式があるわけではありません。真に偉大な人間でも密教的法悦に浸って形而上学的啓示を得られないこともあります。しかしその生活が光と喜びに充ち、あらゆる理想に対して敬虔な態度を持することのできる人間であれば、高度の修行を積んだ密教僧よりも、キリスト、釈迦ないしは永遠の生に近い存在となることができます。私の仏教の師はこのことをはっきりと言明されました。従って仏教のみが「唯一の道」でないことは勿論、「最善の道」でもなく「正常な道」でもないのです。

仏教がフェノロサの心を捉えたものの一つは、すべてを包容するその多様性にあったようです。「キリスト教が大勢の人間を地獄に送り込むのに対して、仏教は何度でも無限に審判の機会を与えてくれる」宗教でした。ブッダは釈迦にもキリストにも化身し得ると教えられた「方便究竟の説」を、このクロフォード批判にも読み取ることができます。

フェノロサの大乗仏教論は、ボストン美術館におけるフェノロサ最後の企画展となった「大徳寺所蔵中国仏教絵画（五百羅漢図）展」の目録序文にも述べられています。フェノロサは宋代の美術を「束縛無き時代精神の展開」と位置付けて中国美術最大の精華と称揚しますが、これを大乗仏教の理念に基づくものと捉え、大乗仏教を「東洋のヘーゲル哲学」に譬えてその諸相を解説しています。

回峰修行をするビゲロウ
（ボストン美術館蔵）
Photograph©Museum of Fine Arts, Boston

ジョン・シンガー・サージェント画
《ウィリアム・スタージス・ビゲロウ》
1917（ボストン美術館蔵）
Photograph©Museum of Fine Arts, Boston

岡倉天心（1898年頃）

ビゲロー寄贈の地球儀と望遠鏡
（三井寺法明院蔵）

ビゲロウ・寛良・岡倉天心

実はフェノロサより深く仏教にのめりこんだのはビゲロウの方でした。掲載した写真（ボストン美術館所蔵）はビゲロウが叡山の回峰修行に挑んだときのもの（残念ながら日時不明）です。

帰国してからも故桜井敬徳に授けられた戒律の実践に励み、天台密教から真言密教へと研究を深めていきます。敬徳没後、法明院は弟子の直林寛良阿闍梨（後に敬円と改名）が継ぎました。両人の間にあって専ら書簡の和訳、英訳に尽力したのは天心岡倉覚三と弟の由三郎です。天心は単なる翻訳者にとどまらず自らも寛良に疑問を質し解説を求めたことが、法明院所蔵の書簡に示されています。

法明院にはビゲロウの寛良宛書状十数通が保存されています。その中の一通（一八九九〈明治三十二〉年四月三十日付、岡倉天心訳）を抄出してみましょう。寛良から新たな伝法授与の報せが届き、これに対する礼状ですが、在日中の凄まじい修行の回想が語られ、帰国後のことにも触れられています。

……故桜井阿闍梨ヨリ護身法并ニ不動真言ヲ授カリ明治二十一年夏迄引続キ日課罷有候トコロ同年八月八日ニ至リ法明院ニ於テ更ニ他ノ戒ヲ授カリ猶更ニ高等ナル修業ノ方法御教示ニ預リ是モ其ノ後引続キ練行致シ候、明治二十二年ノ秋帰国ノ前ニ於テ猶一層高等ナル修業法御伝相成候へ共是ハ未ダ練行不仕候、小生ハ熱心誠実ヲ致シ力ノ及ブ限リ修業致シ候。小生ハ幾回カ長ク肉食酒精ヲ断ジ且ツ可成色欲ヲ断ジ候。小生ハ食ヲ減ジ身体起居ニ不自由ナルニ至リ友人ニ見違ラレ候マデニヤセ候。マタ精神モ衰へ人ノ言フヲ聞イテ其ノ意ヲ解セヌ迄ニ立到リ候事ニ御座候、明治二十二年ノ秋ニハ東京加賀屋敷（筆者注、フェノロサの宿舎）ニ特ニ修業ノ室ヲ設ケ毎日出来ウル丈勉メテ修業罷在リ、桜井阿闍梨ニ「無理スルナ」ト止メラレ候事有之候。此頃ナリシ桜井師ノ二回申サレケルハ「密教ヲ学ブ者往々ニシテ狂人トナル」ト、小生今ヨリ之ヲ思フニ、当時余程危険アリシ事ナリシナラン

帰国後も一年近く病床につき「小児ノ如ク人ニ介抱サレ」る状態が続きますがその後病気を圧して修行を再開、

一八九三年若キ友人ヲ助クルノ目的ヲ以テ共ニ護身法ヲ唱へ候トコロ友人ニハ利益アルガ如ク小生ニハ害アルガ如ク覚エ候ニツキ如何スベキカト案ジ候、其后ハ不規則ニ修スルノミニテ前月迄ニ至リ候

と最近修行が進歩していないことを嘆き、このような自分でも和上の付託に応えることができるかと師寛良に問うた書状でした。

その後も寛良との間には何回も書簡の往復が続き、敬徳の時と同様寛良から教理上の疑義について教えを受けます。この間ビゲロウは法明院のために、五百円、千円と莫大な金額の布施を続けました。

ビゲロウは法明院の大檀越《だんおつ》でした。これは前述書簡の五ヶ月後に書かれたビゲロウ宛寛良書簡（法明院蔵、英訳文を発送）ですが、文末に寄贈された蓄音機未着のこと等を記し

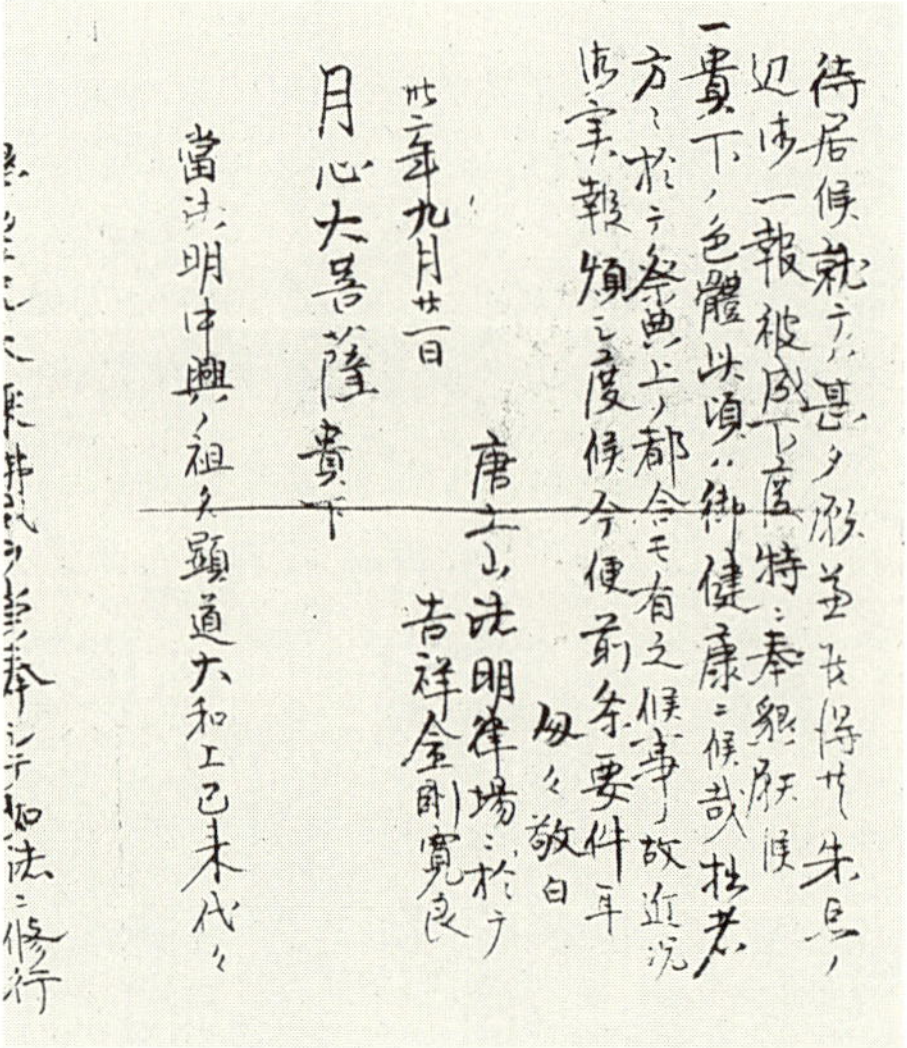
待居候就テハ甚タ形[illegible]致候得共未タ其ノ
辺迄一報被成下度特ニ奉懇願候
貴下ノ色體以頃ハ御健康ニ候哉杜若ノ
方ニ於テ祭典上ノ都合モ有之候事ノ故近況
將実報頒ニ度候今便前条要件耳
匆々敬白
唐崎山法明律場ニ於テ
吉祥金剛寛良
卅二年九月廿一日
月心大菩薩貴下
當法明中興ノ祖大顕道大和上已来代々
[illegible]法ニ修行

ビゲロウ宛寛良書簡（明治32年9月21日）（三井寺法明院蔵）

た後、「月心大菩薩貴下」と結ばれているほどです。「月心」は敬徳に授与された法号です。かつてフェノロサが「諦信居士殿」と呼ばれていたのとは格段の違いです。

明治三十四（一九〇一）年寛良が園城寺長吏事務取扱に任命されたのを機にビゲロウに来山を要請。翌年それに応えたのがビゲロウの最後の訪日でした。この時敬徳阿闍梨のブロンズ像を寄進したことはすでに述べた通りです。

この時（明治三十五年十一月）天心はインド旅行から帰国したばかりでしたが、ビゲロウと十二年ぶりに再会しています。十二年ぶりとは云え二人は寛良との書簡の翻訳を介して常に文通を続けていましたし、天心が日本美術院を立ち上げた際ビゲロウから二万円という多額な賛助金を送金されるなど両者は極めて親密な関係にありました。

十一月十四日、二人は一緒に大阪に出かけて山中商会の接待を受けています。当時天心は、もと室生寺の住職だった丸山貫長と親交を深め、貫長の真言密教布教活動に「弟子覚三」として深く関わっていました。おそらくこの機会にビゲロウも、真言密教に強い関心をもったと考えられます。

ボストン美術館助手メアリ・M・スコット夫人

フェノロサが法明院墓域に葬られるに至ったのは、再婚した夫人メアリの意向によるものでした。よってメアリについては多少詳しく触れておきます。

フェノロサのボストン美術館での任務は、寄託されていた日本美術品（ビゲロウ蒐集品やウェルドに譲渡したフェノロサ旧蔵品）解説目録の作成でした。しかし就任早々のモース・コレクション日本陶磁器買収の仕事、それに続く北斎展、浮世絵展、絵画・金属工芸展、大徳寺五百羅漢展の開催とそれらの目録作成を独りでこなし、その合間に美術館主催の、また近隣各地から要請される講演会、あるいは各種学会誌・研究誌への執筆に忙殺され、契約満期の前年になっても肝腎な館蔵品解説目録作成の方は進捗しません。一八九四（明治二十七）年十月、遂に理事会は日本美術部に助手の採用を認めることになりました。

25 歳のメアリ（日本にて）
(Caldwell Delaney, *A Mobile Sextet*, 1981.)

フェノロサが選んだのは、当時ニューヨークで女性文芸雑誌『ニューサイクル』編集の仕事を手伝っていたメアリ・スコット夫人です。日本での生活体験があり、文芸趣味豊かで日本文化にも理解をもつ南部出身の女性でした。館蔵品の各作品につき、フェノロサの口述をメアリが筆記する仕事が始まります。

メアリは南部アラバマ州モービル出身、隣接する都市ニューオーリンズではラフカディオ・ハーンを尊敬する美貌の文学少女で、男性たちの憧れの的でした（ハーンとはのちに来日してから再会、ハーンの数少ない友人の一人になります）。多くのボーイフレンドの中から彼女はダンスの上手なルドルフ・チェスターという青年を選び、結婚して二十歳のとき男子アレンを産みますが、この年ルドルフが病死、乳飲み子を抱えてメアリは実家に戻っていました。そのうち、かつてのボーイフレンドの一人だったレドヤード・スコットから何度も求婚の手紙が来るようになりました。レドヤードはメアリに振られ傷心を抱いて日本に向かい、鹿児島高等中学造士館（現鹿児島大学の前身）で英語とラテン語の教師をしていました。求婚の手紙は日本からのものでした。

ボストン美術館助手時代のスコット夫人メアリ（三井寺法明院蔵）

チェスター未亡人メアリは遂に再婚を決意、五歳になったアレンを連れて日本に向かいます。横浜来着が一八九〇（明治二十三）年七月二十六日ですので、十二年の任務を終え同年七月六日に日本を発ったフェノロサ一家とは太平洋上ですれ違ったことになります。

しかしこの結婚はわずか一年余りで破綻します。メアリはアレンを連れて帰国し、一八九二（明治二十五）年二月実家で女児アーウィンを出産しました。後を追ってレドヤードもモービルに戻りますがメアリは同居を承諾せず、結婚生活はすでに修復不能の状態に陥っていました。

その後メアリはモービルやニューオーリンズの新聞・雑誌に詩や短編小説を投稿し、又滞日中の見聞等を発表して、次第に女流文学者として知られるようになります。夫から逃れてニューヨークに行き、『ニューサイクル』編集の仕事に携わっていたことは前述の通りです。ボストン美術館の助手に採用された時、先夫の子アレンは九歳、アーウィンは二歳、メアリは二十九歳になっていました。

一八九五（明治二十八）年九月でフェノロサのボストン美術館との契約は満期となります。同年三月にメアリの身に事件が起こりました。別居中の夫レドヤードが娘アーウィンの親権を主張して起こした離婚裁判に敗訴したのです。娘を奪われて傷心のメアリを慰める立場になったフェノロサは、ここで重大な決意をします。すでにボストンでは二人のスキャンダルが広まっていました。レドヤードの離婚請求理由のなかにフェノロサの名が言及されていたのでしょうか。

リジーとメアリ

在日中の地位と高給は忘れがたいものでした。しかし社交好きだった夫人のリジーが黴臭い古画の収集に余り理解を示さなかったことは、在日中の言動によっても容易に想像されます。

フェノロサ夫人は若くて、とてもきれいな方だが、イギリス人の男の人達は活発すぎるので皆嫌っている。だが私はツンととりすましたイギリス女や、ドイツ人の陰気な無関心さよりはるかに好きだ。夫人は話上手で、どこと言いようがないがアメリカ的な感じのする人だ。生れ故郷のマサチューセッツのセーラムのことをすっかり話して下さったが、とても貴族的で文学の盛んな所で、日本での華やかな暮しに

リジー夫人
（筆者蔵、George Manuel Fenollosa 氏より寄贈）

慣れた後、再びあの退屈な生活には戻れないと言われた。社交的な都会、たとえばニューヨークのような所の方がよいと言われる。

これはクララ・ホイットニーの日記（明治十八年十二月二日）に見える一節です。クララは御雇い外国人教師の娘で勝海舟の孫と結婚した女性で、東京在留外国人の動静を伝える日記を残していました。リジーについては何度か触れています。

数少ないリジーの逸話に、夫が能楽師梅若実について謡いの稽古をしていた時の出来事があります。稽古の最中、同席していた夫人がいきなりツカツカと謡っている梅若に近付き、その下腹を触ったというのです。一同呆気にとられていると、今度はフェノロサの喉を指して何とか言っている。後で「師匠の声は腹から出ているのに、あなたは喉で謡っている」と言ったことが分り大笑いになったという話です（梅若万三郎『亀堂閑話』より）。皇居や各省からの園遊会・舞踏会の夥しい数の招待状も残っています。ドレス代も大へんだったでしょう。英国紳士から嫌われるほど、物怖じしない、陽気で活発な女性だったことが分かります。

夫の念願だった日本再訪に関しても余り積極的ではなかったと私は思っています。

一方メアリは、文学芸術に熱中するタイプの、どちらかというと内気な性格だったことが、遺された日記などからも読みとれます。フェノロサの口述を筆記する傍ら、情熱的に語る日本美術論は彼女を感動させ、日本再訪の願望を我が事のように理解したことでありましょう。尊敬は次第に愛情に変っていったものと想像されます。

離婚・再婚劇

契約が満期となった一八九五年、フェノロサは六ヶ月の休職願いを提出して活動の場をニューヨークに移します。館蔵日本美術品解説目録は遂に完成しませんでした。ニューヨークでは、画家アーサー・W・ダウに協力しプラット・インスティチュートで美術教

アーサー・ウェズリー・ダウ
（*The Ipswich Painters at home and abroad*, 1993）

育に携わる仕事が待っていました。ダウは予てからフェノロサの日本美術論に共鳴、フェノロサも同年四月ボストン美術館でのダウ色彩版画展に目録の序文を寄せるなどダウと親交を深めていました。その上、メアリが関与していたニューヨークの『ニューサイクル』を引き継ぎ、美術雑誌『ロートス』の主筆となることも決まっていました。

一方ボストン美術館では、館長（チャールズ・ローリング）と理事会がフェノロサとの契約更新の手続きを進めていました。その最中、同年十月二日、突然フェノロサ夫妻の離婚が成立したのです。

入手した裁判記録によれば、リジー方の訴因はフェノロサがシカゴ出張中、商売女と関係して夫人の名誉を著しく傷つけたこと。判決は慰謝料、娘ブレンダ（十二歳）の扶養料として「年額二千六百ドル（ボストン美術館の年俸と同額）、プラス今後の収入が五千六百ドル以上あった場合その半額、フェノロサ名義の五万ドル信託基金の半額、蒐集版画の半分、コレクションを換金した時は「その半額」を原告に支払う、という当時無収入となったフェノロサには過酷な内容のものでした。

しかしフェノロサは控訴もせずにこれを受諾したのです。金銭上の問題は、日本に行けば何とかなるという楽観的な見通しがあったのでしょう。妻と娘を裏切った背徳の男という汚名と引き替えに、フェノロサは同年十二月ニューヨークでメアリと結婚します。

もともとこの離婚劇は、メアリと結婚して日本再訪を実現するために仕組まれた計画のように思われる節があります。まず、潔癖なフェノロサの性格からして、シカゴでの行跡は考えられぬこと。また、莫大な金銭的負担と体面上の侮辱を甘受したこともさることながら、被告の側から積極的に資料を提供したふしもあり、判決を早めるための工作だったのではないかとも疑われるのです。

ボストンとの訣別

いずれにせよスキャンダルの発生源となったボストン美術館が不快感を示したのは当然でした。館長の要請した契約更新に理事会は同年十月「館蔵浮世絵目録作成を条件に二年間延長、但し勤務時間半減、年俸千五百ドルに減俸」と決定して不行跡に対する処分としました。

しかしフェノロサは出勤せず、翌一八九六年一月ニューヨークの浮世絵商W・H・ケチャム主催の浮世絵展「浮世絵の巨匠たち」に協力し同名 *The Masters of Ukioye* と題する詳細な解説目録を執筆刊行しました。

日本美術目録は未完成、せめて館蔵浮世絵目録だけでもカタログにしたいボストン美術館の期待は全く裏切られたことになります。しかも同書には、かつてボストン美術館

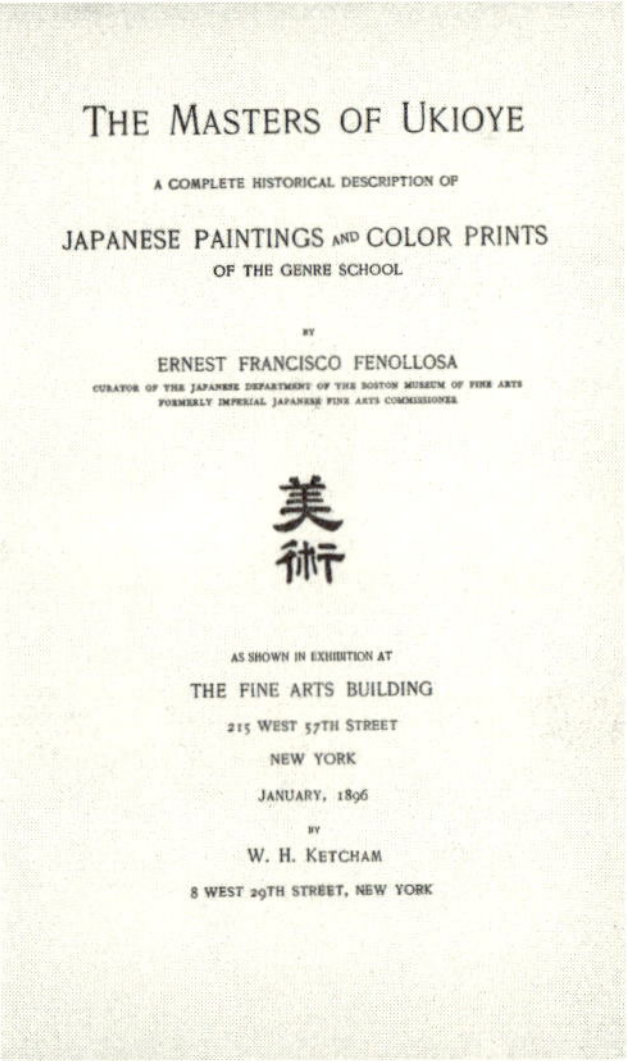
THE MASTERS OF UKIOYE
A COMPLETE HISTORICAL DESCRIPTION OF
JAPANESE PAINTINGS AND COLOR PRINTS
OF THE GENRE SCHOOL
BY
ERNEST FRANCISCO FENOLLOSA
CURATOR OF THE JAPANESE DEPARTMENT OF THE BOSTON MUSEUM OF FINE ARTS
FORMERLY IMPERIAL JAPANESE FINE ARTS COMMISSIONER
美術
AS SHOWN IN EXHIBITION AT
THE FINE ARTS BUILDING
215 WEST 57TH STREET
NEW YORK
JANUARY, 1896
BY
W. H. KETCHAM
8 WEST 29TH STREET, NEW YORK

1896年ニューヨークの浮世絵展「浮世絵の巨匠たち」目録の本扉（筆者蔵）

が発行し版権を待つ北斎展目録『北斎とその流派』(*Hokusai and His School*, 1893. フェノロサ執筆)から引用した部分が目立っていました。ボストン美術館はフェノロサに警告文を送付しますが、これに対しフェノロサからは館長宛に「日本美術部所蔵絵画を私に無断で撮影することを禁じられたし」の電報が打たれボストン美術館理事会は激怒。同年四月一日付で無期休職を通告しますが、これに答えてフェノロサは四月十五日付で辞表を発送、理事会に届いたのはメアリ同伴ヨーロッパ経由で日本に向かう船上でした。

アーサー・ウェズリー・ダウのデザインによる「浮世絵の巨匠たち」展ポスター(Lionel Lambourne, *Japonisme*, Phaidon Press Limited, 2005)

事務引継ぎも行われない、ただならぬ辞任劇、作成途中の日本美術品解説目録も行方不明。ボストン美術館からすればフェノロサ追放と言った方が当っているかもしれません。ボストン美術館理事会

東京中嶋写真館で撮影されたフェノロサとメアリ
（シドニー・マッコールはメアリの筆名）
（モービル歴史博物館蔵）Courtesy of the History Museum of Mobile

の最も有力な理事は他ならぬビゲロウでした。記録は残っていませんが、フェノロサの行跡に最も厳しかったのは謹直なビゲロウだったと思います。

以後長期間にわたってボストン美術館ではフェノロサの名は禁句となりました。「フェノロサ・コレクション」も「ウェルド・コレクション」と改称されたほどです。一九〇四（明治三十七）年以降、ボストン美術館中国日本美術部（日本美術部が拡大された）の実質上キュレーターとなった岡倉天心も、恩師の不評には吃驚《びっくり》したことでしょう。フェノロサも生涯ボストンには近付きません。失意と苦難に彩られた後半生の始まりでした。

日本再訪

離婚裁判の判決により、再婚したフェノロサには差し迫って前妻リジーに年額二千六百ドルを月割りで送金する義務が生じていました。六年前日本から帰国するまでは大臣に次ぐ高給（年俸六千円）を食んでいたのです。日本に行けば何とかなると楽観したのは無理ないことでしたが、その思惑はみごとに外れました。友人や教え子たちの懸命の努力にも拘わらず、適当な就職口は全く見つかりません。御雇い外国人を必要とする時代は既に過去のものとなっていました。その上為替レートはこの六年間に百円当り八十七ドルから五十二ドルに下落していました。前妻に送金する分だけでも毎月四百円以上稼がなければなりません。

まず手を染めたのは友人の浮世絵商小林文七と組んで在米ケチャムを相手とする浮世絵売買。これが失敗に終わり、文七主催の浮世絵展目録の執筆、また『浮世絵史概説』の出版。二年後ようやく教え子嘉納治五郎の斡旋で高等師範学校と付属中学に英語英文学教師の定職を得ますが、この月給が二百円。講演・執筆の依頼はすべて引き受け、何とか糊口を凌ぐのがやっとの有様です。加えて頼みの綱だった岡倉天心は一八九八（明治三十一）年、私行を糾弾されて東京美術学校長解職と、フェノロサにとっては八方塞がり、日本再訪は失敗に終わったと言えましょう。

次の一手は、帰国して旅芸人ならぬ巡廻講師となり、アメリカ各地で日本を紹介する仕事でした。そのためには更に広く、また深く日本文化を知らねばなりません。再訪三年間の大半はそのための知識の拡大に使われています。古事記・万葉集の勉強、能楽の稽古、謡曲の翻訳、漢字・漢詩の研究、真言密教への接近などがその一環でした。通訳や助言者としてフェノロサの仕事に協力したのは、教え子の有賀長雄と高等師範学校付属中学の若き同僚平田喜一（後に禿木と号した）でした。

滞在中メアリを誘って三井寺法明院を訪れ、直林寛良を拝して受戒させたことがありました。明治二十九年九月二十八日のことです。メアリは菩薩十善戒を受け光瑞の戒号を授けられています。フェノロサはメアリが仏教徒となることを願い、死後もこの法明院に一緒に葬られることを望んだのでしょう。

その頃作った“Ode on Re-incarnation”と題する十四章からなる詩があります。「レ・インカーネーション」とは「死後霊魂が新しい肉体を得て再生する信仰」のことです。再生したフェノロサの霊が最初に目にしたのは、共に手を携えて日本にやってきた「わが愛しき人」メアリの墓でした。墓は比叡山に近い山、法明院と思われる山

京都滞在中のフェノロサ
（『史跡と古美術』Vol. 3, No. 1, 1929年7月）

頂にあって山を飾っていました（第一章）。
この「再生の賦」はどこか「黙示録」を思わせる難解な詩ですが、メアリに対する呼びかけと故桜井敬徳阿闍梨賛仰の言葉が随所に見られます。回想と内省の言葉に満ちていますが、前妻リジーへの思いは「誤って結ばれた二人」（第十二章）の一回だけで、冷え切っていた夫婦生活が想像されます。

平井金三
（村井知至「平井金三の想出」『英語青年』1915年4月号）

余程感銘が深かったのでしょう、メアリは受戒の一部始終を日記に記していますが、「この部分、他人読むべからず」と特記しています。感激的体験でありましたがメアリがその後仏教の修行に励んだという記録は残っていません。これはフェノロサとて同様で、真言僧和田智満阿闍梨（山科随心院門跡、当時七十歳）を訪ねて真言密教を学んだりしますが、信仰と言うより知識の拡充と言った方が当たっていると思われます。この時の通訳兼相談相手は、三年前シカゴ万博に併催された万国宗教会議にも出席した宗教学者平井金三《きんざ》

（三十七歳）でした。

前述「再生の賦」の中に「近代の東洋と古代の西洋」という一見逆説的な表現（第四章）があります。仏教への理解が深まり、西洋の近代哲学を仏教がすでに知っていたと考えるようになってから、フェノロサはそれまで常識とされた「西洋の知的優位」を誤りとする気持ちになっていました。これは当時の平井金三の思いでもあったのです。

メアリの喜びと悲しみ

メアリは毎日丹念に日記を付けていました。また何通かの手紙も残っていますので、夫妻の日本での生活はかなり詳しく跡付けることができます。

東京でメアリが最も感激したのは、ラフカィデオ・ハーンとの出会いでした。文学少女時代から尊敬していたハーンとの交渉は、日記や往復書簡に感動的に綴られています。また、親しく付き合った同国人女性に、のちに同志社女学校勤続六十年のミス・デントン、また彼女との縁で知り合った宣教師バートレットの夫人ファニーがいます。ファ

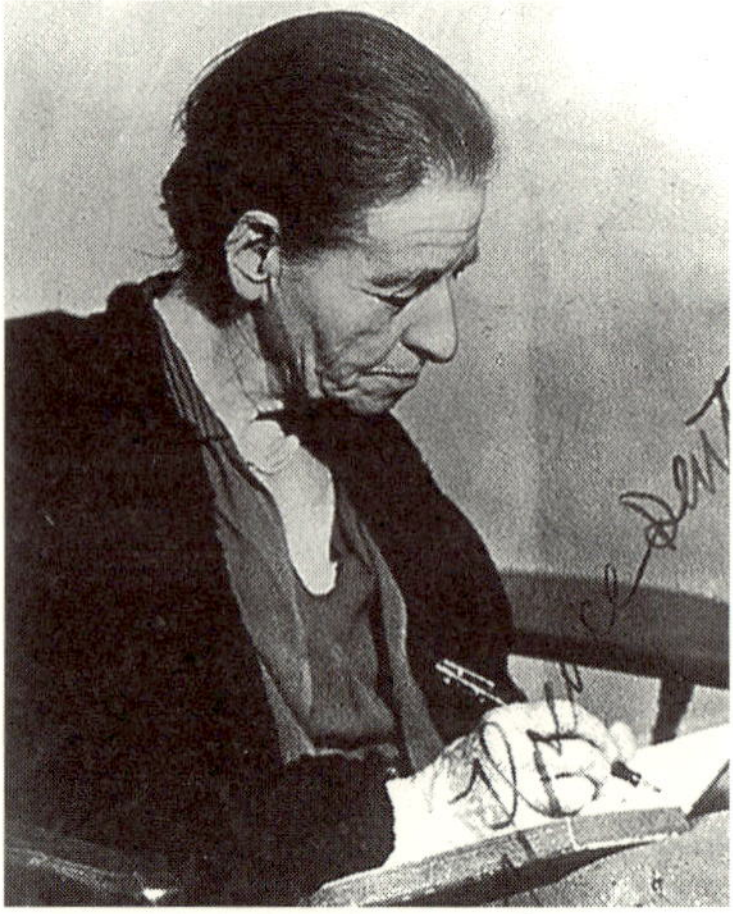

同志社女学校教師ミス・デントン
（同志社女子大学蔵）

ニーは新島襄の依頼で同志社の教員となったゴードン牧師の娘です。

　ファニーとの交信の一例。明治三十二年（月日不記）居所の小石川小日向《こびなた》から京都の転居先に送った手紙です。まずファニー一家の安否を訊ね、彼女のこぼす女中や商人の態度について慰め、ミス・デントンに自作の詩集 *Out of the Nest*（同年出版）を贈呈して礼状を受け取ったこと、築地エピスコパル教会から借り出した新刊書の読後感、読みたい本があれば送ってあげる、自分はスティブンソンの童謡詩のような詩集を出したいなど便箋九枚にこまごまと書き綴ったもので、最後にタイプ原稿一枚を付け加え、それには梅を詠んだ和歌「月夜にはそれとも見えず梅の花　香をたづねてぞ知るべかりける」を示してその英訳を試みています。『古今集』凡河内躬恒《おおしこうちのみつね》の歌です。

　スティブンソンを意識した童謡詩は一九一二年 *Blossoms from A Japanese Garden* となっ

て結実します。

しかしメアリには日記にも書けなかった悲しみがありました。建築家で、東京セントポール男子校（現立教大学）の校長だったガーディナーと妻フローレンス（聖マーガレット女学校（現立教女学院）の校長）は、以前からフェノロサと親しかった宣教師夫妻でした。ある日麹町の自宅にガーディナー夫人の招待会があり、東京在留英米人の夫人たちが集まったことがありました。そこへフェノロサ夫人メアリも招かれましたが、来入したメアリを見るなり、ひとりの英国外交官夫人は「ツンと顔をそむけ、穢らわしいものから避けるようにスカートの端をつまんで退場してしまった。他の夫人たちも其々言訳をつくろって全員退席、部屋にはフェノロサ夫人だけが残った。」この村八分のような仕打ちは、当時十二歳だったガーディナーの次女ハスノハナにとって、生涯忘れられない事件でした（大瀧晴子「フェノロサと日光―ガーディナー夫妻の友情」『栃木史心会会報』第15号より）。

以後牧師夫妻は、同国人の誰からも招かれることのないフェノロサ夫妻をしばしば招待して歓談したと、ハスノハナは回想していますが、父親の異なる二人の子供を持ち、しかも三度目の結婚相手が直属の上司だったというメアリは、在留英米人の女性たちにとってまさに顰蹙《ひんしゅく》の的でした。メアリを快く受け入れたのは主として教会関係者だけだったようです。

巡回講師の生活

夫妻が帰国の途に就いたのは一九〇〇（明治三十三）年八月。翌年夏四ヶ月ほど訪日して研究成果をまとめ、以後晩年の七年間、毎年米国東部から中西部の諸都市を歴訪し、自薦他薦の講演会・夏期学校講師として生計を立てることになります。おりから高まっていた日本への関心に乗って、この計画は間違っていませんでした。

自薦用に作成したパンフレットがあります。自己紹介に続けて「日本と中国の美術史六回連続講座」「日本の詩・中国の詩六回連続講座」、また単独講座にすることも可能であることを述べ、さらに「日本ひとり旅」「日本の祭り、風俗、産業案内」「仏教と寺の生活」「西洋美術と東洋美術の比較」など魅力的なメニューが列挙されています。これらを二台の幻灯機を用いカラースライドで解説するのが特色でした。実際はアーサー・W・ダウとの協力による美術教育論の依頼が多かったようです。
「日本通」として名声は次第に広まって行きました。とくにデトロイトの蒐集家チャールズ・ラング・フリーアの知己を得てから、生活は目立って好転します。彼はフェノロサ所蔵品を高価に買い上げ、また自らの蒐集にフェノロサを選定顧問としたからでした。現在ワシントンDCのフリーア・ギャラリーと、隣接するサックラー美術館にはフェノロサの旧蔵品に加え、フェノロサの鑑定で購入した琳派や北斎肉筆の優品が所蔵され、ボストン美術館と肩を並べる東洋美術の宝庫になっています。

チャールズ・ラング・フリーア
（フリーア・ギャラリー蔵）

一九〇二（明治三十五）年にはメアリの実家のあったモービル市の郊外にマイホーム「コビナタ」を新築したほどでした（「コビナタ」は、夫妻が日本で最後に住んだ小石川小日向に因んで名付けられたものです）。一九〇三年三月にはルーズベルト大統領の招待を受けてホワイトハウスで二度にわ

モービル校外のマイホーム「コビナタ」
（モービル歴史博物館蔵）Courtesy of the History Museum of Mobile

たって講演し、日本の国際的立場を擁護しています。この年の秋、コロンビア大学で中国語・中国文学の連続講演を聴講した記録が残っています。旺盛な知識欲は衰えていません。

日露戦争勃発後は講演依頼が激増し、特にニューヨークでは一九〇六（明治三十九）年十一月から婦人講座毎週木曜日二十回連続講演、翌年二月山中商会ニューヨーク支店主催毎週火曜日十二回連続講演が開催されています。後者の演題は、"Epochs of Chinese and Japanese Art"です。この頃のフェノロサはライフワーク「東洋美術史」の構想に熱中していましたが、この講演

The Dragon Painter

By

Mary McNeil Fenollosa

Author of "Truth Dexter," "The Breath of the Gods," "Out of the Nest: A Flight of Verses," etc.

Illustrated by

Gertrude McDaniel

Boston

ttle, Brown, and Company

1906

***The Dragon Painter*, 1906** の表紙と本扉（筆者蔵）

はその試論だったのでしょう。のちにメアリが編纂した遺著『東亜美術史綱』（*Epochs of Chinese and Japanese Art*）の骨格を形成するものでした。

余談ですが、フェノロサにとってもう一つの楽しみはメアリの小説執筆に助言することでした。一九〇六年出版の三冊目の小説 *Dragon Painter* は日本の画家を主人公にしたもので、のちに早川雪洲主演で映画化されるほどの人気を博しています。

BLOSSOMS FROM A JAPANESE GARDEN

A Book of Child-Verses

BY

MARY FENOLLOSA

ILLUSTRATED IN COLOR BY

JAPANESE ARTISTS

NEW YORK

FREDERICK A. STOKES COMPANY

PUBLISHERS

***Blossoms from A Japanese Garden*, 1903** の本扉と挿絵（筆者蔵）

第三章　三井寺の鐘

フェノロサ、ロンドンで急死

一九〇八（明治四十一）年五月、ニューヨーク山中商会画廊開催『浮世絵肉筆版画展』目録の執筆を終えたフェノロサは講座「ヨーロッパ美術研修旅行」の解説者として各地の美術館を歴訪することになりました。妻メアリと、四年前にレドヤードの死去以来母の許に戻っていたアーウィン（十六歳）も同行します。

十二年ぶりに訪れたパリでは、五月のサロン展評をニューヨークの工芸雑誌社に送付。亡父の生まれたスペイン、云わば自分の祖国でもあるスペインの画家たちの作品評でした。これが絶筆になろうとは、誰が思ったでしょうか。

六月二日、ルーブル博物館で、ボストン美術館の仕事で出張中の岡倉天心にバッタリと出会いました。フェノロサには積もる話もあったと思いますが、ボストン美術館での悪評もあってか、天心は相手の宿所も聞かぬまま別れています。

ロンドンにはアメリカ美術教育展で画家のダウがフェノロサ方式美術論を発表すると

いうので、また自分も講演を依頼されていたので何度か往復しています。

無事研修旅行ガイドの日程を終え、八月下旬家族でライン下りを楽しんでケルンへ。九月初旬ロンドンに戻りました。東西美術の接点に関する調査、また環太平洋文化圏という新しい構想を検証するため、暫らく大英博物館に通うためでした。

家族一緒のホテル生活もそろそろ終わりに近づいた九月二十一日、突然心臓発作に襲われ、そのまま帰らぬ人となったのでした。メアリは後に当時を回想して次のように記しています。


……明日はリバプールからアメリカ行きの汽船に乗ろうとしていた時だったのです。当時イギリスに親しい友人はいませんでした。この突然の不幸に見舞われた時、私はどうしてよいやら何を考えてよいやら分りませんでした。十何歳かになった娘が一緒に居ませんでしたら、どうして生きて行かれたことでありましょう。夫は英国国教会の葬儀によりハイゲート墓地に埋葬されました。数日後、娘と私は帰国しました。

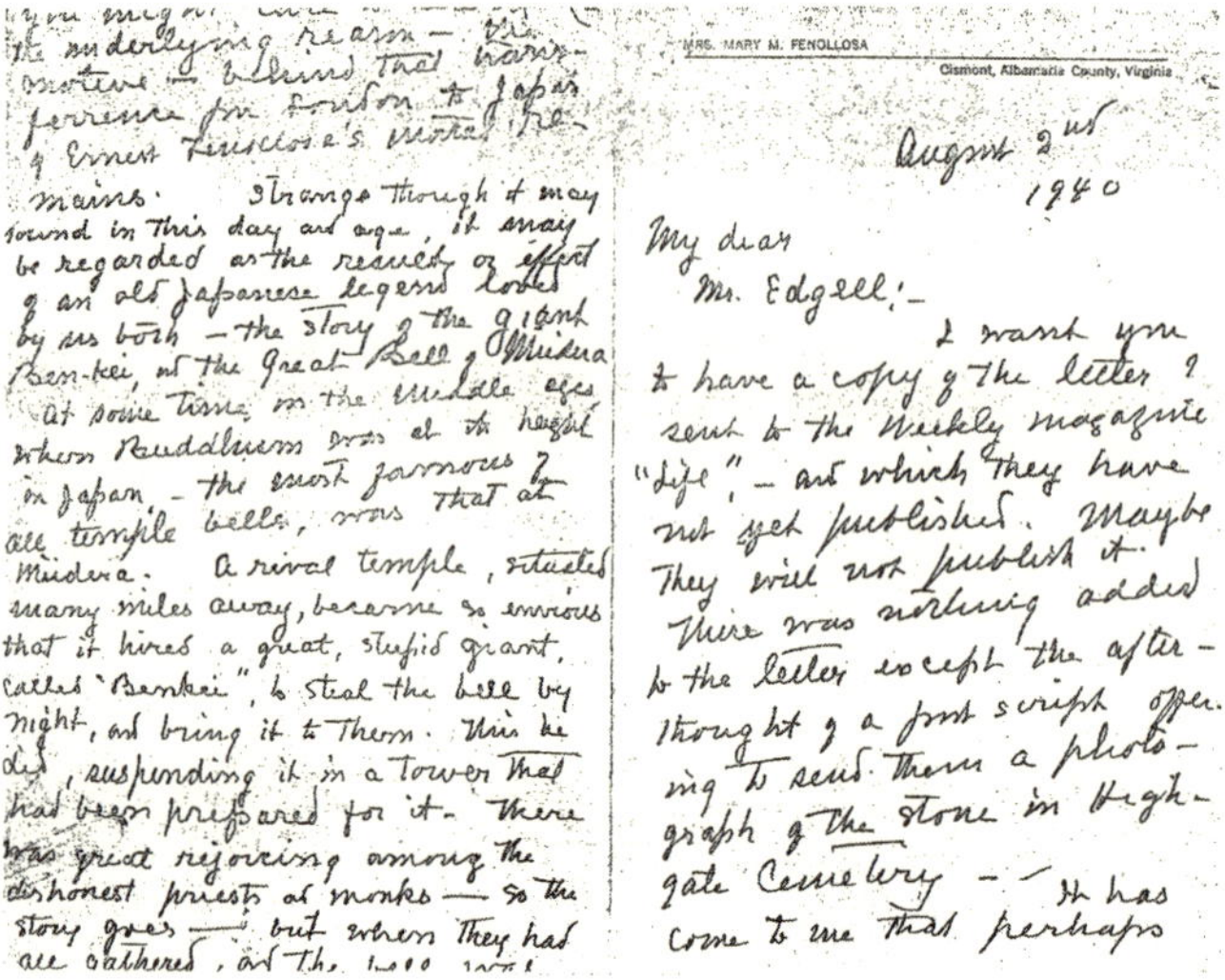

MRS. MARY M. FENOLLOSA
Cismont, Albemarle County, Virginia

August 2nd
1940

My dear
Mr. Edgell:—
I want you to have a copy of the letter I sent to the weekly magazine "Life", — and which they have not yet published. Maybe they will not publish it. There was nothing added to the letter except the after-thought of a post script offering to send them a photograph of the stone in Highgate Cemetery — — It has come to me that perhaps

you might ... the underlying reason — the motive — behind that transference from London to Japan of Ernest Fenollosa's mortal remains. Strange though it may sound in this day and age, it may be regarded as the result or effect of an old Japanese legend loved by us both — the story of the giant Ben-kei, and the Great Bell of Miidera. At some time in the middle ages when Buddhism was at its height in Japan, — the most famous of all temple bells, was that at Miidera. A rival temple, situated many miles away, became so envious that it hired a great, stupid giant, called "Benkei", to steal the bell by night, and bring it to them. This he did, suspending it in a tower that had been prepared for it. There was great rejoicing among the dishonest priests and monks — so the story goes — but when they had all gathered, and the ...

1940年8月2日付 メアリのボストン美術館館長宛書簡（ボストン美術館蔵）

病床でフェノロサは、携行した『オックスフォード詩集』の中から好きなロセッティの詩“Blessed Damozel”をアーウィンに読んでもらっている時、二度目の発作に襲われ、「メアリ」と一言叫んだのが最後だったとも記しています。享年五十五歳でした。

この手記は、続けて遺骨を三井寺に移葬した事情、夫の仏教研究が決してキリスト教に背を向けるものではなかったという弁解、遺著出版に至る経緯、のちにハイゲート墓地に建てた記念碑のことなどを綿々と書き綴ったもので、一九四〇（昭和十五）年七十五歳になったメアリが雑誌『ライフ』編集部に書き送った書信です。折から険悪な様相を呈し始めた日米間の政治的情勢に伴う米国民の反日感情から、亡き夫を少しでも誤解の圏外に引き出したいという気持ちに溢れた文章です。結局『ライフ』はこの手紙を掲載しなかったようで、彼女はその写しに、フェノロサが三井寺に葬られることを望んだ理由を明らかにする手紙を添えて、今度はボストン美術館館長宛に送ったのです。この二通が、現在ボストン美術館アーカイブスに残っています。

フェノロサの訃報

埋葬後メアリは、取り敢えず夫の死をニューヨークの新聞社と、マサチューセッツ州ケンブリッジに住む前夫人リジーに電報で伝えます。リジーからの連絡で故郷セーラムの夕刊紙に訃報が載ったのはその翌日、フェノロサの死から五日経った九月二十六日でした。

フェノロサ教授ロンドンで死去―セーラム出身、生涯の多くをミカドの国で過ごし

た人―突然の死

昨日、ケンブリッジ、リバーバンクコートのアーネスト・F・フェノロサ夫人は、数日前のロンドンにおける夫の急死を伝える海外電報を受け取った。フェノロサ教授は美術コレクションに関する講義を聴講する青年男女を一クラスにまとめてヨーロッパ各地を旅行中で、この水曜日にはニューヨークに戻るアンブリア号で帰国する予定だった。

フェノロサ教授は一八五三年、マニュエル・フェノロサとメアリ・シルスビー・フェノロサとの間に生まれた。一八七四年、哲学に優等賞を得てハーバード大学を卒業。一八七八年、東京大学政治経済学・哲学教授、一八八〇年には哲学と論理学の教授になった。一八八六・一八八七年には日本政府の委嘱で宮内省美術コミッショナーとなり、同時に東京の帝国博物館美術部において美学教授ならびに同部マネージャーを勤めた。一八九〇年、ボストン美術館キュレーターに選出され、その後長期にわたり中国・日本の美術・文学・歴史・哲学・宗教の権威者と目され、その方面の著述も多い。

フェノロサ教授は日本のミカドにより、三たび叙勲の栄を賜った。そのボストン美術館における日本画・中国画コレクションは愛好家の間に広く知られている。彼はブルックリンのプラット・インスティチュートで現在盛んに行なわれている美術教育システムの創始者であり、またヨーロッパの各美術館、教会堂その他個人コレクションに見られるヨーロッパ美術の歴史についても、特に研究する所があった。

フェノロサ教授の遺族には、セーラムの著名なピアノ教師でありセーラム・ドラトーリア・ソサエティーのピアニストでもある次弟ウィリアム・S・フェノロサの他に、アラバマ生まれのメアリ・マクニールという夫人がいる。フェノロサ教授の最初の夫人はセーラム出身のミス・（リジー）ミレットであった。

再婚のフェノロサ夫人は、シドニー・マッコールのペンネームで出版した『トルース・デクスター』『ドラゴン・ペインター』『神々の息吹き』等の著書でよく知られている。

フェノロサの急逝を伝える最初の記事でした。

翌二十七日、東京朝日新聞ニューヨーク特派員から電報「フェノロサ博士逝去、わが国に縁深きフェノロサ博士は此の程倫敦《ロンドン》の客舎にて死去せし由留守宅に通知ありたり」が同紙に掲載され、その後故人の友人知己による追悼談が相次いで日本のジャーナリズムを賑わすことになりました。因みにフェノロサは学位としての博士号を取得したことはありません。「学識豊かな人物」としての敬称です。

各種新聞に掲載された十指に余る追悼文は、それぞれ興味深いフェノロサ生前の逸話を伝えていますが、金子堅太郎談話に始まる雑誌『太陽』（同年十一月）の特集記事「日本美術界の恩人故フェノロサ君」がもっともまとまっているようです。

ボストンでの反響

漸く著名になりかけたこのジャパノロジストの急逝をロンドンで報じた新聞は一紙もありません。各紙とも連日スペインの作曲家サラサーテの訃報に埋められています。美術批評家ローレンス・ビニヨンが『サタデー・レビュー』に載せた小論の前半部をフェノ

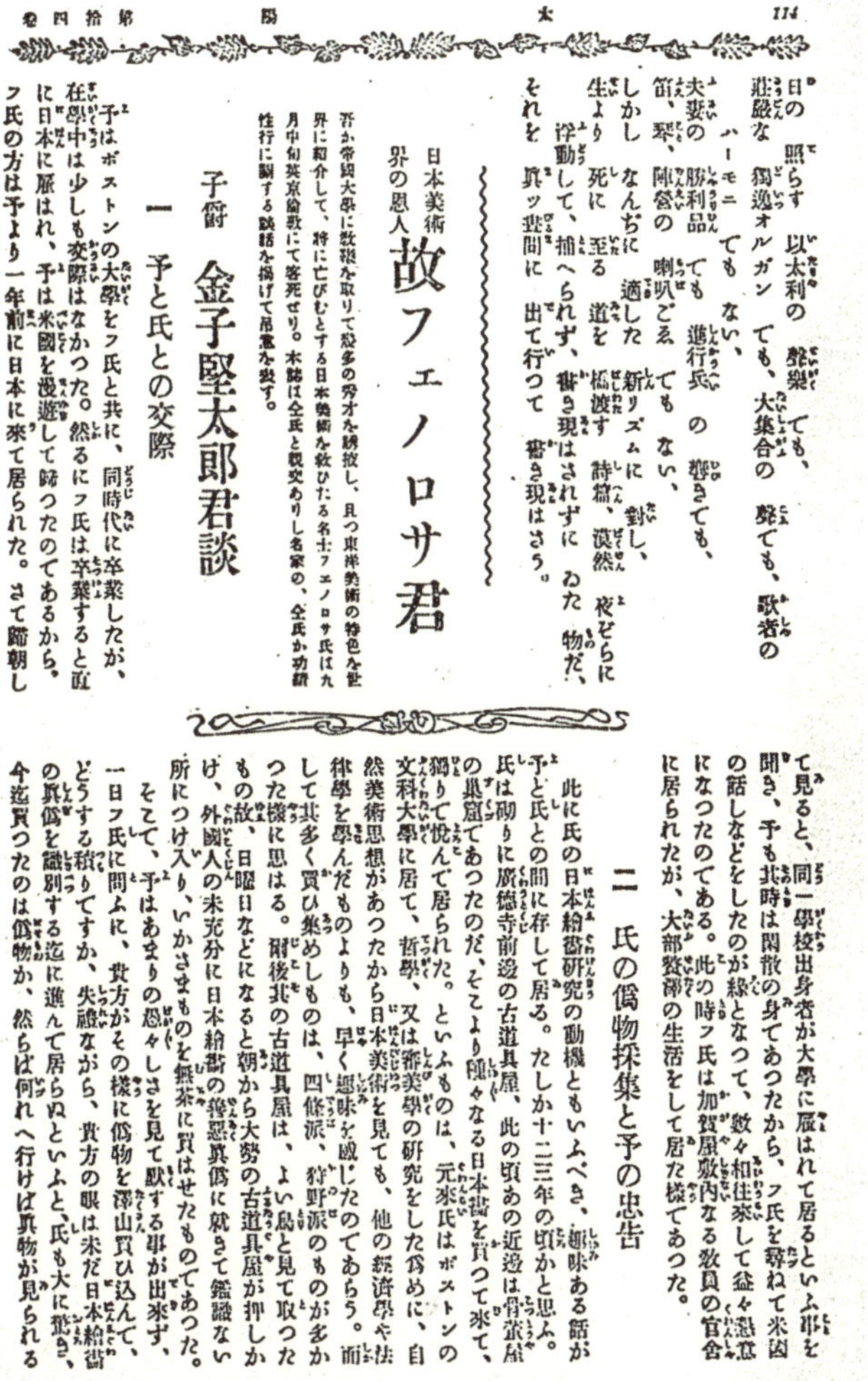

114　太陽　第拾四卷

日《ひ》の照《て》らす以太利《いたりや》の聲樂《せいがく》でも、大集合《だいしふがふ》の聲《こゑ》でも、歌者《かしや》の
莊嚴《さうごん》な獨逸《どいつ》オルガンでも、
ハーモニでもない、
夫妻《ふさい》の勝利品《しようりひん》でも進行兵《しんかうへい》の響《ひゞ》きでも、
笛《ふえ》、琴《こと》、陣營《ぢんえい》の喇叭《らつぱ》ごゑでもない、
しかしなんぢに適《てき》した新《しん》リズムに對《たい》し、
生《せい》より死《し》に至《いた》る道《みち》を橋渡《はしわた》す詩篇《しへん》、漠然《ばくぜん》夜《よ》ぞらに
浮動《ふどう》して、捕《と》へられず、書《か》き現《あら》はされずにゐた物《もの》だ、
それを眞《ま》ッ晝間《ぴるま》に出《で》て行《い》つて書《か》き現《あら》はさう。

日本美術界の恩人 故フェノロサ君

昔か帝國大學に教鞭を取りて幾多の秀才を誘掖し、且つ東洋美術の特色を世界に紹介して、將に亡びむとする日本美術を救ひたる名士フェノロサ氏は九月中旬英京倫敦にて客死せり。本誌は仝氏と親交ありし名家の、仝氏か功績性行に關する談話を掲げて吊意を表す。

子爵 金子堅太郎君談

一　予と氏との交際

予《よ》はボストンの大學《だいがく》をフ氏と共に、同時代《どうじだい》に卒業《そつげふ》したが、在學中《ざいがくちう》は少しも交際《かうさい》はなかつた。然《しか》るにフ氏は卒業《そつげふ》すると直に日本に聘《へい》はれ、予《よ》は米國《べいこく》を漫遊《まんいう》して歸《かへ》つたのであるから。フ氏の方は予より一年前《まへ》に日本に來《き》て居られた。さて歸朝して見《み》ると、同一學校《どういちがくかう》出身者が大學に聘《まね》はれて居るといふ事《こと》を聞《き》き、予も其時《そのとき》は閑散の身《み》であつたから、フ氏を尋《たづ》ねて米國の話しなどをしたのが緣《えん》となつて、數々相往來《あひわうらい》して益々懇意《こんい》になつたのである。此《こ》の時《とき》フ氏は加賀屋敷《かがやしき》内なる敎員の官舍《くわんしや》に居られたが、大部《だいぶ》贅澤《ぜいたく》の生活をして居《ゐ》た樣《やう》であつた。

二　氏の僞物採集と予の忠告

此に氏の日本繪畫研究《にほんくわいがけんきう》の動機ともいふべき、趣味《しゆみ》ある話が予《よ》と氏《し》との間に存して居る。たしか十二三年の頃《ころ》かと思ふ。氏《し》は頻りに廣德寺《くわうとくじ》前邊の古道具屋、此の頃あの近邊は骨董屋《こつとうや》の巢窟《すくつ》であつたのだ、そこより陸々《しばしば》なる日本畫《にほんぐわ》を買《か》つて來て、獨《ひと》りて悅《よろこ》んで居られた。といふものは、元來《ぐわんらい》氏はボストンの文科大學《ぶんくわだいがく》に居て、哲學《てつがく》、又は審美學《しんびがく》の研究をした爲めに、自然美術思想《しぜんびじゆつしさう》があつたから日本《にほん》美術を見ても、他の經濟學や法律學を學《まな》んだものよりも、早く趣味《しゆみ》を感じたのであらう。而して其多く買《か》ひ集《あつ》めしものは、四條派《しでうは》、狩野派《かのうは》のものが多かつた樣《やう》に思はる。爾後《じご》其の古道具屋は、よい鳥《とり》と見て取つたもの故《ゆゑ》、日曜日などになると朝から大勢の古道具屋《ふるだうぐや》が押しかけ、外國人《ぐわいこくじん》の未充分に日本繪畫の善惡眞僞《ぜんあくしんぎ》に就きて鑑識ない所につけ入《い》り、いかさまものを無茶《むちや》に買《か》はせたものであつた。

そこで、予《よ》はあまりの愚々《ばか／＼》しさを見て默《もく》する事が出來《でき》ず、一日フ氏《し》に問《と》ふに、貴方がその樣《やう》に僞物を澤山《たくさん》買ひ込んで、どうする積《つも》りですか、失禮《しつれい》ながら、貴方の眼は未だ日本繪畫《にほんくわいぐわ》の眞僞《しんぎ》を識別《しきべつ》する迄に進んで居らぬといふと、氏《し》も大に驚《おどろ》き、今迄買つたのは僞物《にせもの》か、然らば何《いづ》れへ行けば眞物が見られる

金子堅太郎談話記事「日本美術の恩人・故フェノロサ君」
（雑誌『太陽』1908年11月、筆者蔵）

ロサ追悼に当てたのは翌月になってからでした。アメリカでは一九〇八（明治四十一）年十一月二日付でハーバード大学クラスメートによる公式追悼文が公表されています。

注目すべきは後者です。筆者は同窓の詩人・翻訳家N・H・ドール。A4版を二つ折りにした四ページの短い文章でフェノロサの生涯を要領よくまとめていますが、「彼には妻と一八八三年七月二十五日生まれの娘ブレンダが後に残っている」と記し、メアリとの再婚を認めていないのです。締め括りも「我々は友人の過ちに目をつぶるわけには行かぬが、人生の最も貴重な財産に恵まれた友人として彼を記憶に留めることに吝《やぶさ》かではない」と結ばれています。ボストンの友人たちが、フェノロサの業績に関心を示しながらどこかわだかまる所のある追悼文です。

実際リジーは離婚後も、自らフェノロサ夫人と名乗り、他からもそう呼ばれていました。以下は離婚裁判でも彼女の味方であったビゲロウの十二月六日付リジー宛哀悼文です（ホートン・ライブラリー蔵）。

……彼はある意味では偉大な人物でした。能力と実行力を具えていました。多くの点で例外的な人物でした。しかし、あらゆる点で例外的たり得ると考えたところに彼の過ちがあったのです。人間はあらゆる時にあらゆる人よりも賢明であるわけにはまいりません。最も強烈な個性の中にさえ、きわめて凡庸な大いなる過ちがあるものです。これを無視することは即ち災いを招くことになります。

彼の霊の安らかに眠らんことを。もし彼にして正しく身を処することができたならば、彼は真に偉大なる人物となっていたでありましょう。しかしながら、大いに世のために尽くしたことは事実であります。……

フェノロサ追悼法要

日本での法要は一九〇八（明治四十一）年十一月二十九日於上野寛永寺。故人の教え子で、終始恩師の日本研究を扶《たす》けた有賀長雄が祭主となり、輪王寺門跡救護栄海上人を導師として僧侶十三人が読経、帝国大学総長浜尾新《あらた》、前宮内大臣土方久元が弔辞を捧げ、参列した友人知己六十余名が焼香したのち記念写真撮影があって、追悼記念会は上野精養軒で開催されました。

文学部第一期生としてフェノロサに教わった井上哲次郎（帝国大学教授）の挨拶、ハーバード大学で同期、フェノロサに日本美術の手ほどきをしたと自認する金子堅太郎の講演があってから遺著の出版、故人半身像を美術学校内に建設すること、メアリ、リジー両未亡人に追悼文と記念写真を贈ることが決議され、その後食卓を囲んで各氏の追悼談が始まりました。リジーに追悼文と会葬者リストを送ったのは岡倉天心でした。

席上メアリから有賀長雄に宛てた十月二十三日付の手紙（彼の弔文に対する返書）の邦訳が配付されました。その中でメアリは、亡夫の遺骸をモービルの自宅の近くに移葬したいと述べ、「かつて彼は、わたしと一緒に三井寺に葬られたいもの、と言ったことがありますが、それは到底実行し難きこと。臨終の時もそのようなことは話しませんでした」

有賀長雄
（『東亜美術史綱』口絵、フェノロサ氏記念会、1921年）

明治41年11月29日 上野寛永寺におけるフェノロサ追悼会（筆者蔵）

法明院より琵琶湖を望む（三井寺法明院、筆者撮影）

と書いています。

この時点でメアリは遺骨の日本送還を考えていなかったことが分ります。しかし十二年前に三井寺を訪れた際、琵琶湖を見下ろす法明院の庭に立ったフェノロサが「死んだら一緒にここで眠りたい」とメアリに語ったのは事実だったのでしょう。「再生の賦」にもそれを思わせる詩句がありました。琵琶湖の景観のすばらしさはメアリも生涯忘れませんでした。

ビゲロウの叙勲

フェノロサは東京大学を退職した明治十九(一八八六)年の九月に勲四等旭日小綬章を、また文部省・宮内省を退任して帰国する明治二十三年の六月に勲三等瑞宝章を授与されています。いずれも公務に対する褒章《ほうしょう》で、お雇い外国人教師の多くが受賞しています。

ところがフェノロサ死去の翌年十一月、突然のようにビゲロウに勲三等旭日章が授与されました。薦文は左の通りです(思文閣出版『明治期外国人叙勲史料集成』より)。

勲三等旭日章　米国人ウイリアム、スターギス《ママ》、ビゲロー

右は米国ボストン府ノ名家ニ生レ同府ハーバード大学ヲ卒業シ後独逸ノ大学ニ遊ヒ尋《ツイ》テ医学ドクトルノ学位ヲ受ケタリト雖モ資性頗ル文芸ノ趣味ニ富ムヲ以テ主トシテ其研鑽ニ努メ多年佛伊ノ間ニ往来シテ古名品ニ親ミ漸次鑑識ヲ以テ称セラルルニ至レリ曾《カツ》テ巴里《パリ》ニ在ル時始メテ日本ノ美術品ニ接《デア》ヒ大ニ其ノ巧緻ニ服シテヨリ以来其ノ特色ヲ称賛シ終《ツイ》ニ明治十一年（筆者注、明治十五年の誤り）本邦ニ来航シ在留数年ノ間京阪ノ古社寺旧跡ヲ踏査シ以テ日本美術ノ研究ニ力ヲ致セリ当時外国人ニシテ我国ノ美術ヲ愛玩スル者ナキニ非サリシモ古色蒼然タル仏画ノ如キハ之ヲ措《オイ》テ顧ル者ナカリシニ同人始メテ我仏画ヲ観ルニ及テ古代伊太利ノ大作ニモ譲ラサルコトヲ看破シ之ヲ激賞スルト共ニ巨資ヲ投シテ其蒐集保存ニ力《ツト》メ以テ一般ノ注意ヲ喚起シタリ爾来幾星霜孜々トシテ日本美術ノ研究ニ刺激ト援助ヲ与ヘ我国ニ来遊スル亦再三或ハ奈良京都ノ古社名刹ニ遊ヒテ蔵スル所ノ名品宝器ノ毀損セルヲ慨歎シ懇切ニ保存ノ必要ヲ説明シ特ニ金員ヲ寄付シテ其ノ修理ヲ企画シ又東京美術学校ノ設立セラルルヤ参考用トシテ同人所蔵ニ係ル高価ノ珍書ヲ寄付シ或ハ東洋美術ノ精華ヲ

明治23年6月 勲三等瑞宝章を受勲したフェノロサ（三井寺法明院蔵）

明治42年11月 勲三等旭日章を受勲したビゲロウ
（Amos J. Wright, “Samurai Bill, The Third Bigelow,” *Bulletin of Anesthesia*, Vol. 23, No. 3, University of Alabama.）

世界ニ紹介スルノ目的ヲ以テ「ボストン」府博物館ニ勧告シ特ニ東洋美術部ヲ置カシメ自ラ率先シテ其ノ所蔵品全部ヲ出陳セル等其ノ我美術界ニ貢献シタル功績実ニ尠《スクナ》カラス殊ニ東洋美術ノ紹介者トシテ有名ナル彼《カ》ノ「フェノロザ《ママ》」ガ斯道《シドウ》ノ研究ヲ開始シタルハ実ニ同人ノ刺激ト後援トニ因ルト云フ然ルニ同人ハ今ヤ病ヲ獲《エ》テ仏国巴里ニ在ル趣ヲ以テ此際前記功労ヲ御表彰被遊《アソバサレ》頭書ノ通叙勲被仰出度《オオセイダサレタキ》旨文部大臣小松原英太郎ヨリ申立有之《コレアリ》候間該《ガイ》勲章被下賜候様仕度《ツカマツリタク》此段謹テ奏ス

明治四十二年十一月二日

外務大臣伯爵小村寿太郎

米国人ウイリアム、スタージス、ビゲロー叙勲ノ件
右謹テ裁可ヲ仰ク
明治四十二年十一月二十二日　　内閣総理大臣侯爵桂太郎

文部大臣から外務大臣経由で内閣総理大臣に推薦された形になっていますが、当時ビゲロウの個人情報にこれほど通じていたのは岡倉天心以外には考えられません。天心は雑誌『太陽』の特集記事「日本美術界の恩人故フェノロサ君」（明治四十一年十一月）でも、フェノロサに名を為さしめたのはビゲロウだったと、ビゲロウの役割を高く評価していました。

フェノロサだけが「日本美術の恩人」として一方的に称揚される日本の世論に対して、この叙勲は紛れもなく天心の運動の結果であると考えられます。同じ勲三等でも瑞宝章より上位とされる旭日章を申請した天心の思いでした。

遺骨の三井寺移葬

故郷モービルに帰ったメアリが最も頼りにしたのはデトロイトのチャールズ・フリーアでした。彼は遺産処理その他故人の残したさまざまな問題について助言を求めた未亡人に対し、哀悼の意とともに懇切を極めた返書を送っています。懸念された前夫人リジーと娘ブレンダからの遺産相続に関する異議申し立ての提訴についても、親身になって相談に応じ、こまごまと対処の仕方を教えています(フリーア・ギャラリー所蔵書簡)。遺骨の還送も、フリーアの示唆によるものだったでしょう。

メアリは翌一九〇九(明治四十二)年四月、遺骨をロンドンから日本に改葬したい、就いてはその斡旋を願いたい旨の手紙を山中商会のニューヨーク支店に送りました。山中商会はフェノロサに講演を依頼し、前年には主催する浮世絵展に解説目録を執筆させた縁故もありましたが、フェノロサは在日中からの上得意であった上、最近はフリーアの代理人として輸入作品の鑑定購入に当たっていました。

この手紙はニューヨークの水野幸吉総領事を経て三井物産社長益田孝の許に届けられます。鈍翁と称した益田孝は当時財界きっての古美術蒐集家として知られ、故人とも面識のあった人でした。彼は手紙を追悼会の代表者有賀長雄に渡します。

その結果メアリから直接、三井寺への改葬を望む故人の「遺志」を伝える書簡が有賀に届き、有賀の奔走が始まります。彼はたまたま帰朝していた山中商会ロンドン支店の林愛作と面談してハイゲート墓地の様子を聴取し、改めて火葬に付すための手続きや経費の調査を山中商会に請う一方、自ら三井寺に出向いて直林敬円長吏と交渉、法明院墓域への埋葬許可を得ます。やがてハイゲートの火葬費用は三千四十ポンド、法明院の墓は三百円程度で出来ることが分りました。

同年七月、有賀は東京帝国大学山上御殿で総長浜尾新、東京美術学校長正木直彦、同校商議員河瀬秀治ら生前フェノロサと親しかった有力な先輩諸氏と相談。結果美術学校から二百円、大学から四百円の贈呈が決定します。

一方、同年八月中にロンドンから送られてきた遺骨は、あたかも故人の一周忌に当る同年九月二十一日シベリア鉄道を経由して敦賀に到着。即日法明院に埋葬されました（以上、フェノロサ一周忌、十三回忌の有賀長雄の回想録による)。

墓碑の完成

一九〇九年十月、白川石の五輪塔墓碑完成。碑型は伊東忠太、正木直彦が相談して京都相国寺の定家卿の墓に倣い五輪塔に決定。梵字は敬円阿闍梨、撰文は教え子の長老井上哲次郎。日吉神社宮司伊藤紀の浄書した碑文が墓石基壇四面に刻されています。墓前の石製香炉、石製花瓶、石製灯籠、各一対はフリーアほか、友人のアーサー・W・ダウ、フランスのガストン・ミジェオン、イギリスのローレンス・ビニヨンらの奉納によるものでした。碑文は現在苔むして読みづらくなっていますが、左記の通りです。

フェノロサ墓石内の納骨棺
(『東京美術学校校友会月報』Vol.19, No.6、大正 9 年 10 月)

改修前のフェノロサの墓（『東京美術学校校友会月報』Vol.19, No.6、大正9年10月）

フェノロサ墓域灯籠等寄進者の碑
（三井寺法明院、筆者撮影）

井上哲次郎

〈碑文〉

正面（北面）

飛諾洛薩先生／諱越爾涅私篤／仏蘭西斯
格。一千八百五十三／年二月十八日／生
于米国沙列／謨市。其先出于／西班。母
米国人。／先生学于哈窊／土大学専修哲
／学以英才顕。明

左面（東面）

治十一年為我／東京大学所聘／来講哲学。
論理／明晰鑿鑿中窾／居数年旁考究／日
本美術。大有／所得。明治二十／三年期
満帰国。／朝廷乃叙勛三／等後再三来遊
／然不久留而去

〈読み下し〉

フェノロサ先生
諱《いみな》はエルネスト＝フランシスコ。一千八百五十三年二月十八日、米国サレム市に生る。その先はスペインに出づ。母は米国人。先生ハーバード大学に学び専ら哲学を修し英才を以て顕わる。
明治十一年わが東京大学の聘する所と為り、来たりて哲学を講ず。論理明晰、鑿鑿《さくさく》として窾《クワン》にあたる。居ること数年、旁ら日本美術を考究し大いに得る所あり。明治二十三年期満ちて帰国す。朝廷乃ち勛《くん》（勲）三等に叙す。後再三来遊す。然れども久しく留まらずして去る。

背面（南面）

自是于講演于／著述唱導日本／美術之精妙而／不已将著書以／有所大主張而／暴歿于倫敦客／舎時一千九百／八年九月二十／一日也先生曾／学仏教于桜井／敬徳阿闍梨深

右面（西面）

信之遂受戒号／曰諦信故知友／門人相謀改葬于園城寺法明／院蓋因于其遺／志也。

明治四十二年九月二十一日

これより講演に、著述に、日本美術の精妙を唱導してやめず。将に書を著し以て大いに主張する所あらんとす。しかるににわかにロンドンの客舎に歿す。時に一千九百八年九月二十一日也。先生曾《かつ》て仏教を桜井敬徳阿闍梨に学び、深くこれを信じ、遂に受戒し号して諦信と曰う。故に知友門人相謀りて園城寺法明院に改葬す。蓋《けだ》しその遺志によるなり。明治四十二年九月二十一日

法明院での一周忌法要

一九〇九（明治四十二）年十一月十四・十五の両日、フェノロサ一周忌の法要が法明院で盛大に挙行されました。墓前には勲三等瑞宝章、勲四等旭日章を胸に飾ったフェノロサの写真と供花に花輪、茶菓数種が供えられ大僧正直林敬円長吏および一山衆僧の読経、宮内大臣岩倉具定の祭文代読、続いて有賀長雄のフェノロサ来歴朗読、発起人・幹事らの祭文が読み上げられました。

参列七十余人には、神戸の米国総領事、同志社のミス・デントンら在留外国人に混じってヨーロッパからの帰途法会参加のために立ち寄ったチャールズ・フリーアの姿もありました。

法明院の記録には敬円阿闍梨読経のあと、「メアリ未亡人献香」とあるのですが、有賀もメアリ来日のことに触れていません。おそらく代理の焼香だったと思います。当時メアリはモービルの自宅で遺稿の整理に忙殺されていました。

墓参するメアリ(1910年春の来日時か)(三井寺法明院蔵)

一方法明院の茶室では煎茶が立てられました。ここには神戸の川崎正蔵愛蔵の古画と並んで山中商会蔵フェノロサ筆「月下流水図油絵」の額が飾られたと『追悼会会記』は記録していますが未見です。

また当時三井寺塔頭の一つだった円満院では、山中商会の肝入りでフェノロサ追悼古画展が催され、三井寺什宝を始め主として関西コレクター所蔵の古画・円山四条派・浮世絵など百余点が陳列され、また京都の吉田直次郎(著述家、出版書肆至誠堂主人)別邸では追悼茶席が用意されるという盛大な法要でした。これらの費用もすべて山中商会が負担したと、有賀長雄は伝えています。

三井寺に帰りたい釣鐘の物語

後年メアリはボストン美術館の館長宛に亡夫の復権を求める書簡（前述、Aug. 2. 1940）を送っていますが、その中に遺骨の三井寺移葬に関する次のような興味深い物語が記されています。

……ある時、それは中世の、仏教が日本で最も栄えていた頃のことです。全国の寺院の釣鐘で一番名の知られていたのが三井寺の鐘でした。ところが何マイルも遠くのある寺では大層それを妬んで、頭の弱い大男弁慶を雇い、夜陰に紛れてその鐘を盗ませたのです。鐘を自分の寺に運ばせ、かねて用意してあった鐘楼に吊り下げました。よこしまな坊主や行者は喜びの酒宴を開き、いざ鐘を打ってみたのですが、三井寺の誇りであったあの深く殷々と響き渡る音色は聞こえて参りません。その代わりに鐘は震えだし、しくしく咽《むせ》び始め、やがて大声で「三井寺に帰りたい」「三井寺に帰りたい」と泣き出したのです。何度やっても同じ有様ですので、遂に嫉妬深い僧侶たちも諦め、再び弁慶を雇って鐘を三井寺にかえしたのです。

アーネスト・フェノロサは友人ビゲロウ博士と共にかつて三井寺の阿闍梨すなわちアーチビショップのもとで仏教を研究する許しを得たことがあり、三井寺の場所と環境に深く惹きつけられておりました。そして私や他の人たちに、よくこう申していたのです。死が自分を襲った時は、たといそれがどこであろうと、自分の遺骨はやはり三井寺に葬ってもらいたいものだと、はっきりと申しました。もし他の場所に葬られたら、きっと盗まれた釣鐘のように「三井寺に帰りたい」と泣き叫ぶであろうと。ロンドンの、あの痛ましい最後の日にも、心臓の発作がおさまるたびにそれを申しておりました……。

私がアラバマの故郷に帰り、やっと筆を持てるようになりました時、何人かの日本の友人たちに夫の「三井寺に帰りたい」という希望を書いてやったのです……。

フェノロサの遺志をかなり大袈裟に脚色した文です。メアリが小説家であったことが改めて思い出されます。また、日米関係が悪化した頃の書簡で、亡夫が真に日本仏教に改宗したわけでないと訴えた文章でもありました。

遺骨の軍艦移送説

フェノロサの復権を願う余り、メアリには他にも幾つかの誇張した表現があります。一つは帰国後のフェノロサがコロンビア大学教授として比較文学を講じたと、フェノロサ遺著の序文に記したことで、これは後に（十三回忌に）東京美術学校に建てられた碑文にも明記されてしまいましたが、その事実はありません。この遺骨移送もその類で、日本政府が遺体を引き取るために軍艦を派遣したという話です。これはメアリからフェノロサ遺稿を譲り受けた詩人エズラ・パウンドが一九一六年フェノロサと共著の形で出版した『能楽』（*'Noh' or Accomplishment*）の序文に述べられており、メアリからの聞き書きでした。

INTRODUCTION

THE life of Ernest Fenollosa was the romance par excellence of modern scholarship. He went to Japan as a professor of economics. He ended as Imperial Commissioner of Arts. He had unearthed treasure that no Japanese had heard of. It may be an exaggeration to say that he had saved Japanese art for Japan, but it is certain that he had done as much as any one man could have to set the native art in its rightful pre-eminence and to stop the apeing of Europe. He had endeared himself to the government and laid the basis for a personal tradition. When he died suddenly in England the Japanese government sent a warship for his body, and the priests buried him within the sacred enclosure at Miidera. These facts speak for themselves.

His present reputation in Europe rests upon his "Epochs of Chinese and Japanese Art." In America he is known also for his service to divers museums. His work on Japanese and

3

『能楽』序文　軍艦派遣説
(*'Noh' or Accomplishment,* 1916)

この箇所を、著名な英文学者矢野峰人博士が洋々社刊『日米文化交渉史』の一冊『学芸風俗篇』に紹介したのは昭和三十年です。四年後博士は宝塚在住の岡田友次という人から「フェノロサの遺骨を迎えるために日本政府が軍艦を派遣したとあるが、それは如何なる文献に拠ったか」という質問状を受取りました。出典の根拠を回答したところ、岡田氏は折り返し「それは事実に反する。遺骨は自分の友人で山中商会ロンドン支店の社員であった者が携え、シベリア経由で敦賀に持ち帰ったものである」と書き送ってきました。実は岡田氏は、当時山中商会社員でロンドンに在り、フェノロサの遺骨に関するいっさいの手続きを担当した本人でした。

二年後、この話に興味をもった同志社大学教授衣笠梅二郎はアメリカのメアリ未亡人に書を寄せ事の真偽を質《ただ》したのですが、メアリはすでに一九五四年に死去しており、今はウォットリー夫人となっている娘のアーウィンが母に代わって「遺骨を山中商会の社員がシベリア経由で日本に持ち帰ったというのは嘘である」と回答してきたのです。衣笠教授はこのことを研究社のリーフレット『英語と英文学』に発表します。

これを読んだ岡田氏は、今度は直接京都に衣笠教授を訪ね、在来の通説の誤りであることを告げると同時にウォットリー夫人に自ら手紙を書いて事の次第を知らせました。岡田氏によれば、実際に遺骨を携えて日本に持ち帰ったのは当時ロンドンで骨董商を営んでいた加藤八十太郎だったということです。

岡田氏の詳細な説明にたいし、ウォットリー夫人は長年にわたる誤解が是正されたことを率直に感謝してきました。岡田氏は更にロンドンの出版社気付でパウンドにも手紙を送ります。パウンドは戦時中スイスから反米放送を行ったことで戦犯に指名される惧れがあり、友人たちによって精神病院に匿《かくま》われているとの情報もあって居所不明でしたが、予想に反しイタリアのティロロから丁重な返事が届きました。パウンドも『能楽』再版の際は当該箇所を是正する、と記していますが、これは実現していません。

以上は矢野峰人が事の顚末を雑誌『日本古書通信』（昭和三十九年八月号）に寄稿した一文の概略です。筆者はそれでも軍艦説になおこだわり、「ウラジオあたりに停泊していた砲艦か駆逐艦が好意的に運んでくれたのではあるまいか」と結んでいます。

ハイゲート墓地の記念碑

亡夫一周忌追悼会に出席できなかったメアリは、自宅で東洋美術に関するフェノロサ草稿の整理に没頭していました。亡夫のニューヨークでの連続講演"Epochs of Chinese and Japanese Art"のレジュメを中核に雑多な旧稿や講演草稿を選択編集し、「遺稿集」を出版するのが目的でした。

漸く形を整えた原稿を携え、さらに訂正解読のため娘アーウィンを連れて来日したのは一九一〇年の春でした。原稿の修正は有賀長雄と、最も親しかった画家狩野友信が当たりました。当然法明院に墓参したはずですが、それを記録した文書は未見です。

約二ヶ月の滞在の後母娘はロドンに向かいます。能楽関係の草稿をパウンドに譲渡する話などもありましたが、ロンドンでメアリが最初にやった仕事は、ハイゲートの、一時埋葬してあった場所に記念碑を建てることでした。碑文は一六二頁の通りです。

一九七五年筆者が初めてハイゲート墓地を訪れた時、この記念碑は墓地のほぼ中央、ちょうどカール・マルクスの墓の裏側に苔むして建っていました。後にマルクスの墓が立派に改装されて墓地の正面に移動した際この碑も移され、現在は奥の無縁地区にひっそりと立っています。

ハイゲート墓地にあるフェノロサ記念碑
（三谷康之氏撮影）

〈ハイゲート墓地にある碑文〉

HERE FOR A BRIEF TIME LAY

THE BODY OF

ERNEST FRANCISCO FENOLLOSA

LOVER AND INTERPRETER OF ART

POET, PHILOSOPHER AND SEER,

BORN AT SALEM, MASS. FEBRUARY 18th 1853

DIED IN LONDON SEPTEMBER 21st 1908.

HE RESTS NOW FOREVER,THROUGH THE LOVE

AND LOYALTY OF JAPANESE FRIENDS,

IN THE SPOT WHERE HE WISHED TO LIE,

THE TEMPLE YARD AT MIIDERA,

ON THE SHORES OF LAKE BIWA, JAPAN,

THE STONE IS ERECTED BY HIS WIFE

MARY McNEIL FENOLLOSA.

〈邦訳〉

ここに暫らく休みしは

アーネスト・フランシスコ・フェノロサの遺体。

美術を愛好し、解説した人。

詩人にして哲学者かつ先見者。

1853年2月18日マサチューセッツ州セーラムに生まれ

1908年9月21日ロンドンにて没す。

今はとこしえに

日本の友人たちの敬愛と誠意によって

わが墓所と望みたる日本は琵琶湖のほとり

三井寺に眠る。

故人の妻メアリ・マクニール・フェノロサ

この碑を建つ。

第四章　ビゲロウとウッズ

ビゲロウの仏教講義

ハーバード大学ではインガソル講座といって、卒業生ジョージ・インガソルの遺志五千ドルを基金とし「霊魂の不滅」をテーマとする講座が開かれていました。ホートン・ミフリン社がその講義録を小冊子の形で出版しています。第一回が一八九六年で、神学博士ジョージ・A・ゴードンの『霊魂の不滅と新しい神学』ですので、この頃から始まったと思われます。一九〇八年、この講座に、仏教研究で知られていたビゲロウが依頼されて講演し、第八回目の講義録『仏教と霊魂の不滅』（*Buddhism and Immortality*）が出版されました。

わずか七十六ページに満たぬ小型本ですが、北方仏教（大乗仏教のこと）の説明から始め霊魂不滅、永遠の生を「涅槃」（ニルヴァーナ）に求める仏教の理念を、デカルト、エマソンなど西洋思想を例にひきながら、ビゲロウの仏教理解を聴衆に伝えようと試みた講義でした。終わりの方で彼は、

分けのぼる麓の道は多けれど同じ高嶺の月を見るかな

という日本の古歌を紹介しています。一般には、宗派は異なっても目指すところは同じ、と解釈される歌と思いますが、ビゲロウは別の捉え方をしています。麓の道すなわち登攀する山を彼は「物質世界」と考え、頂上は物質世界の生んだ「意識」によって人間が個的存在を維持して立ち得る最高地点、「意識」の最高形態「多くの求道者が安んじて留まる崇高な境地」と解釈しました。「眼下の俗界、天上の星空を求道者が共に把握できる」地点、其処までは他の宗教・哲学でも到達できる究極の境地であると。しかし、とビゲロウは続けます。「仏教はさらにその先を見る。俗界の更に下、星空の更に上に、両者を包括する天空が存在する」、そこには「物質世界では得ることのできない平安」「物質で学んだ理解を越える平安」がある。「無限の意志と無限の意識が一体化した平安」この静寂の境地こそ《ニルヴァーナ》である」。これが講義の結論でした。果たして聴衆は理解することができたでしょうか。

インガソル講座に引続き、一九〇八年には十月から十二月まで、ハーバード大学神学部で八回にわたり「近代における仏教」を講義、その序説部分が『ハーバード神学レビュー』に掲載されているそうですが未見です。（アラバマ大学麻酔学科教授レイ・J・デファルク、エイモス・J・ライト共著「サムライ・ビル、三代目ビゲロウ」（アラバマ大学紀要『麻酔史』第二三巻三号、二〇〇五年七月刊）によれば、一九二三年の『ハーバード神学レビュー』にも論文“Contemplation by Chisa Daishi”掲載のよし。）（この項、学兄三好彰氏提供の資料によりました。）

ビゲロウ、ウィンズロウ、アネサキ

ビゲロウは大学だけではなくボストンの自邸やタカナック島の別荘でもしばしば仏教講習会を催したようです。

一九二二年はビゲロウ七十二歳の年ですが、一月から二月にかけて七回にわたる仏教論議の記録が前述ホートン・ライブラリーに保存されています。タイトルは「ビゲロウ仏教ノート」とありますが、仏教に関する二人の質問とビゲロウの回答を、同席したビゲロウの秘書が記録したもので、寄贈者は ウィンズロウ夫人です。仏教の様々な側面についてビゲロウの理解を示す貴重な資料です。たとえば第一日目（一月六日）の質疑応答の話題を整理してみますと、まず「菩薩の役割」から始まり「過去仏・現在仏・未来仏」「ブッダと救世主」「観音信仰と聖母信仰」「法然とアッシジの聖フランチェスコ」「真言宗と天台宗」「身口意の三密」「数珠と念誦」「禅」「霊魂の救済」「法華経と真宗」「天皇崇拝ないし先祖崇拝と仏教」といった具合です。ビゲロウには答えられない項目もありましたが、三密など密教の修法には強い関心をもっていたことが分かります。

「観音信仰と聖母信仰」で狩野芳崖の「悲母観音図」に話が及んだとき、ビゲロウは回想して「芳崖は絵が売れたが橋本雅邦は無名だった。わしは長いこと面倒を見てやった、毎月給金を与えて雅邦が選んで持ってくる作品を受け取ったものだ」と述べています。芳崖がフェノロサに月給二十円で雇われ制作にあたったことは知られていますが、雅邦もビゲロウの世話になっていたのですね。

質問者は Dr. W., Mrs.W とのみ記されていますが、Dr. Frederick Bradlee Winslow と夫人 Mary Williams Winslow と思われます。ドクター・ウィンズロウはボストンの著名な内科医でビゲロウの後輩。ビゲロウ邸（56 Beacon Street）のすぐ近く（256 Clarendon Street）に

姉崎正治
（磯前順一・深澤英隆『近代日本における知識人と宗教─姉崎正治の軌跡』東京堂出版、2002）

住んでいました。十年前大病を患ったビゲロウの主治医だったのかもしれません。ウィンズロウ夫人はスイス、イギリス、フランスに留学して古典ギリシャ研究を専攻した教養豊かな女性で、ハーバード大学哲学教授サンタヤーナの近しい友人でした。

質疑応答の中で、しばしばアネサキの見解が引用されています。東京帝国大学教授（宗教学）姉崎正治がハーバード大学日本文明講座に客員教授として招聘されたのは一九一三～一四年（大正二、三年）の二年間です。姉崎は「日本宗教史」を本講義として二年間、他に「仏教各派の思想」「詩と宗教」「仏教美術と仏教理念」などを講義しています。後者はボストン美術館での出張講義でした。ビゲロウも質問者も、八年前の姉崎の講義の聴講者でした。姉崎正治は真宗のお寺の出身でした。幼時、既述の平井金三が同志社に対抗して京都に作った仏教系の英学塾に学び、平井のスペンサー進化論に影響を受けたと後年記述しています（自伝『わが生涯』他）。とくに一宗派に捉われぬ「宗教学」を形成した下地がこの幼時体験にあったのかもしれません。

ビゲロウの死と法明院への分骨

ビゲロウは一九一二年以来健康を損ねていました。しかしボストン美術館では理事、またコレクション寄贈者・後援者として主導的役割を担っていました。もっとも後には保守的な頑固者、老害的な存在として煙たがられることもあったようです。

一九二一年以来、頭痛、咽喉炎、痔、脚の浮腫などの症状が重なって遂に自宅療養の身となります。やがてアルコオルやモルヒネに依存するようになって病状は更に悪化。寝たきり状態となり、最後は前立腺の手術中に大量の脳内出血に見舞われて昏睡状態に陥り、六日後自宅で死去しました。一九二六（大正十五）年十月六日、享年七十六歳でした。

遺言によって遺体は真言の法衣でくるみ、月桂樹の小枝で覆い、左手には愛用の数珠を絡ませたと伝えられています（『ボストン美術館百年史』他）。葬儀は故人のハーバード大

マウント・オーバン墓地のビゲロウ家廟堂
Amos J. Wright, "'Samurai Bill' the third Bigelow," (*Bulletin of Anesthesia History,* July, 2005)

学以来の友人ウィリアム・ロレンス司祭により、ボストン・トリニティー教会で挙行され、火葬後遺骨はケンブリッジのマウント・オーバン墓地にあるビゲロウ家の霊廟に納められました。

遺言により、寄託中の美術品はすべてボストン美術館に遺贈されました。フェノロサ旧蔵品をはるかに凌ぐ数万点のビゲロウ寄贈品が現在ボストン美術館東洋美術の中核となっているのは周知の事実です。

当時の記録から見て、この時すでに遺骨の半分を日本に送ることが決まっていたようですので、法明院への移葬もビゲロウの遺言だったことが分かります。

かねてビゲロウの念願を知っていた美術商山中商会の社長山中定次郎は、関係者の了解と法明院の許可を取り付けた上、墓石、灯籠、玉垣の築造を京都の石材商石恒（佐脇恒吉郎）に依頼、一年後の昭和三年二月十六日、分骨と遺品を携えて横浜に帰着しました。遺品の中に敬徳（敬円の誤りカ）阿闍梨から贈られた金襴の袈裟や不動明王の掛物、水晶の数珠、托鉢の器などがあったことを、翌日の『大阪朝日新聞』は伝えています。

山中定次郎はこの時、貧弱だったフェノロサ墓域の改修をも併せ行い、昭和三年四月二十七日、その竣工とフェノロサ、ビゲロウ追悼を兼ねた記念の大茶会を催し、招請した故人の知己友人始め多数の名士と共にその霊を慰めています（『山中定次郎伝』）。与えられた戒名は「大慈院無際月心居士」です。なおフェノロサの戒名は「玄智院明徹諦信居士」でした。

山中定次郎（『山中定次郎伝』1939）

1928 年の法明院ビゲロウ分骨埋葬（『山中定次郎伝』1939）

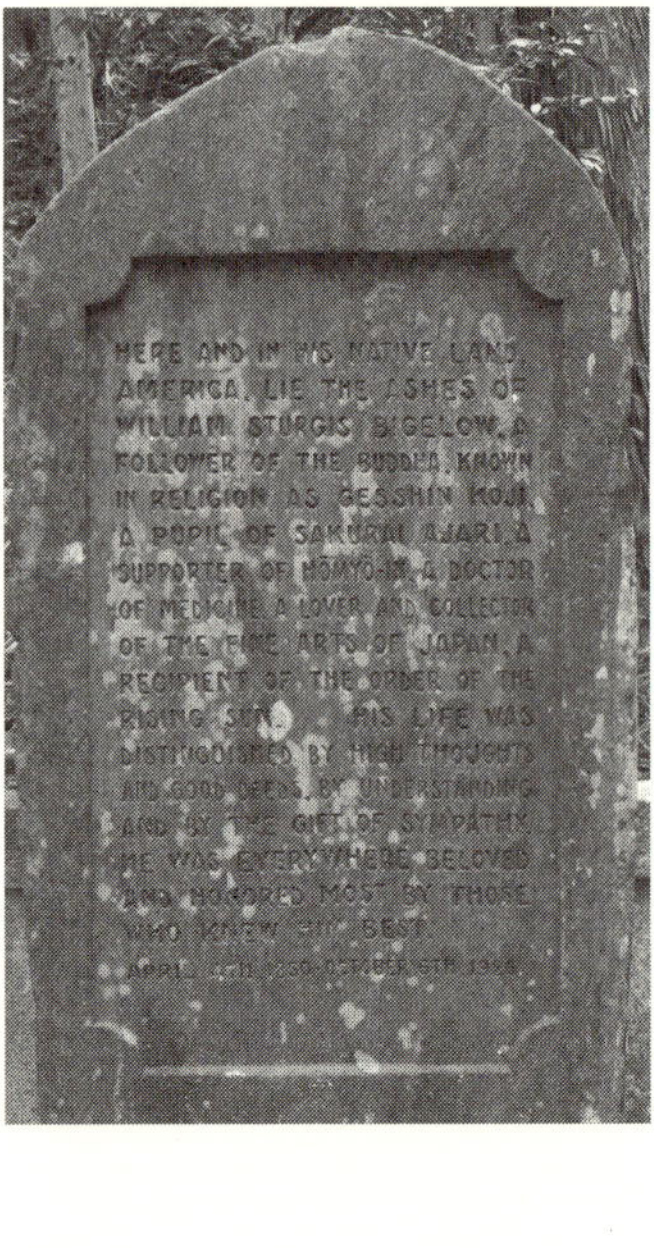

法明院ビゲロウ墓域に立つ墓碑
（三井寺法明院、筆者撮影）

日本美術の紹介者

ビゲロー博士の遺骨を三井寺に

大阪の山中氏が賴まれて米國から持來り埋葬

わが國の美術《びじゆつ》を紹介《せうかい》したボストンの富豪《ふがう》ウイリヤム・スタージス・ビゲロー博士《はくし》は昨年ボストンで逝去《せいきよ》したが遺言《ゆいごん》によつてその遺骨《いこつ》を琵琶湖畔《びはこはん》三井寺に埋葬《まいさう》することゝなり、渡米《とべい》中であつた大阪の美術商《びじゆつしやう》山中定《さだ》次郎氏は遺族《ゐぞく》の依賴《いらい》を受《う》けて十六日午後三時横濱《よこはま》入港のエンプレス・オブ・ルシア號《がう》でその遺骨《いこつ》や博士《はくし》が三井寺の前法主敬德阿闍梨《けいとくあじやり》から貰《もら》つた金襴《きんらん》の袈裟《けさ》や不動明王《ふどうみやうわう》の掛物《かけもの》三幅《ぷく》、水晶《しやう》の珠數《じゆず》、腕輪《うでわ》、托鉢《たくはつ》その他數點《すうてん》を携《たづさ》へて歸朝《きてう》した

故博士は三十年前わが國に數年間滯在し當時來朝中のイギリス國のフエノロジヤ博士とゝもに日本美術を研究し狩野芳崖、橋本雅邦、亞雄その他の畫家を後援して大成せしめ、また浮世繪風俗繪その他貴重な美術品數千點を集めてアメリカ國に持歸り、わが國を紹介した功によつて明治四十二年勳三等をもらつた

これら日本美術《びじゆつ》品は數百萬ドルと評價《ひやうか》され遺言《ゆいごん》狀により全部ボストン美術館《びじゆつくわん》に寄贈《きぞう》された、三井寺では敬德阿闍梨《けいとくあじやり》、フエノロジヤ博士《はくし》を葬《ほうむ》つてある園城寺《をんじやうじ》法明院《ゐん》へ墓地を作つて手厚《あつ》く埋葬《まいさう》することになつてゐること（横濱電話）

ビゲロウ分骨還送記事（『大阪朝日新聞』昭和３年２月17日）

〈墓前の記念碑〉

碑文

HERE AND IN HIS NATIVE LAND,
AMERICA, LIE THE ASHES OF
WILLIAM STURGIS BIGELOW, A
FOLLOWER OF THE BUDDHA, KNOWN
IN RELIGION AS GESSHIN KOJI,
A PUPIL OF SAKURAI AJARI, A
SUPPORTER OF HŌMYŌ-IN, A DOCTOR
OF MEDICINE, A LOVER AND COLLECTOR
OF THE FINE ARTS OF JAPAN, A
RECIPIENT OF THE ORDER OF THE
RISING SUN.　HIS LIFE WAS
DISTINGUISHED BY HIGH THOUGHTS
AND GOOD DEEDS, BY UNDERSTANDING
AND BY THE GIFT OF SYMPATHY.
HE WAS EVERYWHERE BELOVED
AND HONORED MOST BY THOSE
WHO KNEW HIM BEST.

APRIL 4TH,1850 − OCTOBER 6TH 1926

（邦訳）

ここに、またアメリカの母国に
ウィリアム・スタージス・ビゲロウの
遺骨を納む。
仏教徒で法名を月心居士という。
桜井阿闍梨の弟子で法明院の護持者であった。
医学博士にして日本美術の愛好家・蒐集家、
旭日章の受勲者。
その生涯はとくに高邁な思想と有徳な行為、
また理解力と天性の慈善心で知られた。
何処へ行っても親しい知人たちから
最も慕われ敬われた人物であった。
1850年4月4日～1926年10月6日

ジェームズ・H・ウッズ博士のこと

ハーバード大学でのビゲロウ仏教講座聴講者のなかに、同大学サンスクリット語教授ジェームズ・ホートン・ウッズ（James Haughton Woods,1864–1935）がいました。絶対者との合一を目指すというヨーガの著名な研究者で主著 *Yoga-System of Patanjali*, *1927* があります。ウッズは霊魂不滅をニルヴァーナに求めるビゲロウを仏教研究の師と仰いで熱心に聴講。師から天台学についで作成されたノートを託されていました。

前述姉崎正治とは、かつてドイツで留学生同志として知り合い、その後家族ぐるみの親交を結んでいました。ハーバードへの姉崎招聘も、ウッズの尽力によるものだったと姉崎は自伝『わが生涯』で語っています。関東大震災で倒壊炎上した東京帝国大学図書館再建の隠れた援助功労者もウッズでした。当時兼任で図書館長だった姉崎教授は、同書で「再建の寄付はウッズの周旋に待つ所が多かった」と回想していますが、ハーバード大学からの多大な図書寄贈に加えて、ウッズの弟アーサーは図書館再建の建設費四百万円を寄付したロックフェラー財団の有力理事だったのです。姉崎はアーサーとも熟知の間柄でした。

ウッズは大学を定年退職したのを機に、今や三井寺に眠るビゲロウから渡された天台密教ノートを整理出版し、かたがた自分も残りの人生を天台学研究に捧げるつもりで、夫人同伴で来日しました。一九三四年（昭和九年）十二月十四日のことです。

姉崎はウッズの仕事の補佐を、ハーバード時代に助手として帯同した矢吹慶輝と岸本英夫に依頼しました。前者は大正大学学長、後者は姉崎の教え子で女婿となった若き宗教学者で、ハーバード留学時代にウッズのお世話になった一人です。

二人の専門家はウッズが修正を依頼されたというビゲロウのノートを見て吃驚《びっくり》しました。ビゲロウと阿闍梨との問答の真剣さはよく分かるのですが、英語を解さぬ阿闍梨と仏教に疎い通訳者により、天台学がきわめてミステリヤスな信仰となっていること、また死後の世界、霊魂説への関心が異常に強く、天台学の本質から外れていること、などです。まずこの部分の是正から始めなければなりません。天台密教に造詣の深い浅草寺の清水谷恭順師がウッズの顧問インストラクターに選ばれます。本講義は一月中旬からと決まりました。

ウッズの急死　法明院の供養塔

正月の休みが終わって九、十、十三日の三回、帝国ホテルのウッズの部屋で天台学予備講義が、矢吹講述、岸本通訳の形で行われます。ウッズを大いに満足させたこの予備講義が終わった翌十四日の昼過ぎ、大学の岸本研究室に突然電話が入り、ウッズ急死の知らせが飛び込んできたのです。脳卒中、七十一歳でした。

十七日青山のトリニティ教会で告別式。姉崎正治は長年にわたる交遊を胸に秘めて弔辞を捧げ、法華経の一節をサンスクリットで誦唱。桐ケ谷で火葬されました。

遺骨が日本を離れる前にということで十九日、仏式の葬儀が浅草寺で営まれています。友人以外に個人と面識のない著名な仏教者たち数十人が参列、異郷で急逝したアメリカの仏教学者を哀悼したことが、岸本英夫を感激させます（岸本 "Professor Woods and His Last Visit to Japan," *Harvard Journal of Asiatic Studies*, April 1936.）

一月十五日の『東京朝日新聞』はウッズ博士の急逝を詳しく報じています。末尾に「姉崎博士の談」として「……遺骨の一部は師（ビゲロウ）の眠る三井寺に葬ろうと、今考えている所です」を載せています。

ウッズの一周忌、法明院ビゲロウ墓域の中に、ビゲロウに寄り添うようにウッズ供養の五輪塔が建てられました。基壇には「IN MEMORIAM/ JAMES HAUGHTON WOODS/ NOVEMBER 27 1864/ JANUARY 14 1935」その下に「圓好院正輝阿蘭若居士遺物供養塔」と刻まれています。「阿蘭若」（アランニャ）とは修行する森林の意味（『仏教語大辞典』）、ヨーガに因んだ戒名でしょうか。

ビゲロウ墓域にあるウッズの供養塔（左奥）
（三井寺法明院、筆者撮影）

ウッズの供養塔と基壇の碑文（三井寺法明院、筆者撮影）

世界的の碩學
滯京中急逝
前ハ大の教授ウツヅ博士
天台學に余生捧ぐ

客臘十四日から帝國ホテルに滯在中であつた前米國ハーバード大學哲學科教授で世界的佛教學者なる博士ジエームス・H・ウツヅ氏は十四日午後一時ホテル内を散策中突然腦溢血で倒れ日比谷病院深瀬院長並に聖路加病院ボールス博士が應急手當を施したが、同一時十五分エリザベス夫人のみとりのうちに眠るが如く逝去した、行年七十一歳

急を聞いて故博士とは三十年來の知己である東大教授姉崎正治博士がホテルに驅けつけたが臨終に間に合はなかつた

遺骸は夫人を始め故博士の弟子である東大法學部教授高木八尺、同文學部講師岸本英夫兩氏ほか數名のハーバード大學出身者に護られ同夜八時聖路加病院へ移されたが、十七日午後三時青山齋場で告別式を營み、茶毘に付した上遺骨の一部はエリザベス夫人が故國へ持ち歸ることになつた

故ウツヅ博士は昨年秋三十年間教授として在任したハーバード大學を停年となりこれを機會にその師であり、今は近江の三井寺に眠る故ビゲロー氏から生前託された天台學のノートを整理出版し、かたがた自分も天台學の研究に余生を捧げるため、十二月十四日夫人同伴來朝したもので、本年夏まで日本に滯在する豫定であつた

故人はインド哲學の造詣深く且非常な親日家で、ハーバード大學で勉學する日本人はほとんど全部博士の學的訓育と個人的世話を受けたもので、その急逝は各方面から惜しまれてゐる

昔からの交友
姉崎博士の談

余りに突然で何とも言葉がありません、私との交友は明治三十四年ドイツでドイッセン哲學博士の許で一緒に勉強したときに始り、爾來今日までインド、フランスにアメリカに一緒に旅行もし、仕事もして來ましたので何んだか片腕をもぎとられて仕舞つた感じです、日本へは度度來遊しこんどは天台學の研究を既に矢吹慶輝博士と始めてゐたのでした、遺骨の一部は師の眠る三井寺へ葬らふと今考へてゐる所です

ウッズ博士の訃報（『東京朝日新聞』昭和 10 年 1 月 15 日）

終　章　法明院その後

フェノロサ記念碑と第十三回忌法要

フェノロサ法要はその後第三回忌（於法明院）を経て、大正九（一九二〇）年九月二十一日、第十三回忌ならびに「斐諾洛薩《フェノロ》先生碑」除幕式が東京美術学校にて盛大に営まれました。参列者は官界、学界、美術界の代表者はじめ米国代理大使夫妻ら総勢約二百名、発起人中の幹事は有賀長雄、大村西崖、岡倉秋水、林愛作、小林文七が務め、法要・建碑に関する一切の事務を分担したと記録されています（『東京美術学校校友会月報』第一九巻六号フェノロサ氏記念号に詳しく報じられています）。生前フェノロサが最も頼りにしていた岡倉天心の名が見えないのは、すでに七年前この世を去っていたからです。

大村西崖は東京美術学校教授、同校在学中フェノロサ講義を聴講し「美学聴講ノート」を残した人。岡倉秋水は岡倉天心の甥にあたる画家で、狩野芳崖の弟子。フェノロサの鑑画会にしばしば出品して入賞していました。林愛作は山中商会ニューヨーク支店長時代にフェノロサ遺骨移葬の世話をして以来「フェノロサ氏記念会代表」として有賀長雄を財政的に支援、当時は帝国ホテルの支配人でした。小林文七はフェノロサを上顧客とした浮世絵商ですが、フェノロサ再来日以降親交を深め、『浮世絵展解説目録』や『浮世絵史概説』を出版した書肆蓬枢閣の主人。フェノロサを介して北斎肉筆画などをフリーアに納め、フェノロサを恩人としていた人です。

記念碑は一丈六尺（約四・八五メートル）の根府川石《ねぶかわいし》で、上部に長原孝太郎（東京美術学校教授）筆フェノロサ上半身像（線刻）、碑文は一周忌の時と同じく井上哲次郎撰、書は大村西崖。この記念碑は東京藝術大学美術館前の木立の中にひっそりと建っています。

三井寺との関連部分を掲げておきます。

……先生深信仏教。受戒于園城寺長吏桜井敬徳阿闍黎《ママ》。法号曰諦信。曾遊于其所住法明院。園臨湖水。風景絶佳。先生嘆賞曰。吾他日得託骨于此即足矣。於是。諸友與某氏謀。改葬遺骨于法明院。客歳夏。余往訪法明院。謁先生墓。墓在森林中。幽邃静寂。一仙境也。足以慰先生乃霊矣。……

桜井敬徳は園城寺長吏になっておりません。おそらくメアリの言う Archbishop の訳語と思われます。前にも述べましたが「二十三年。先生帰国。為格倫比亜《コロンビア》大学教授。講

フェノロサ記念碑の拓本
（『東京美術学校校友会月報』フェノロサ氏記念号口絵、大正8年10月）

比較文学。」という事実に反する記述も見られますが、これらもメアリ未亡人の記述に拠ったものでありましょう。

有賀長雄のこと

主宰者有賀長雄は開会の辞でこれまでの経緯を詳しく報告、引き続き記念碑の除幕を行ない、一年間塩原温泉に引き籠もって完成した *Epochs of Chinese and Japanese Art* の訳稿『東亜美術史綱』を碑前に供えました。

続いて正木直彦東京美術学校長の謝辞、輪王寺門跡大照円朗大僧正を導師とする寛永寺一山総出の法要があって、米国代理大使の悼辞、金子堅太郎・浜尾新ら生前フェノロサと親しかった人々の追憶演説で終了。場所を上野精養軒に移して記念晩餐会があり、三十一名が出席して故人を偲びました。

席上有賀長雄は、ボストン美術館の「フェノロサ＝ウェルド コレクション」が単に「ウェルドコレクション」とされているのは残念だ、元通りに改称するよう第十三回忌記念事業の決議としてボストンに要請したいと提議しましたが、尚早論を唱える人があって次回すなわち第三十三回忌まで延期された、と前述『校友会月報』が伝えています。異論を唱えたのは商売がらアメリカの事情に詳しい小林文七だったと思われますが、彼はその理由を、故人がキリスト教を捨てて仏教に改宗したこと、また極端な親日家と見做されていることを挙げています。フェノロサのボストン美術館辞職の経緯については語っておりません。知っていたのでしょうか。いずれにせよ々ボストン美術館では未だにフェノロサの名は禁句になっていました。

有賀長雄は、翌大正十年六月十七日、『東亜美術史綱』上梓の一ヶ月前に亡くなりました。享年六十二歳。学生時代から恩師フェノロサの美術研究を助け、卒業後はフェノロサの影響のもと『社会進化論』『宗教進化論』などを著し、かつ鑑画会ではたびたびフェノロサの通訳を務め、のち国際法学者とし公務多端なおりにもフェノロサの漢詩・漢字研究を助け、没後は遺骨の還葬から数次にわたる法要、また未亡人メアリの携行した"Epochs"草稿の校訂、出版後はその訳出まで、生涯をフェノロサ顕彰に捧げた人物でした。

戦中戦後の法明院墓地

二年後の関東大震災を機に日本は急速に国家主義・帝国主義の様相を深めて行きます。米国でも一九二四年の排日移民法以来、日本人排斥運動が高まってきました。昭和十五（一九四〇）年の第三十三回忌を学界や美術界が開催した記録は見つかっていません。

『天心岡倉覚三』（昭和二十年一月刊）の巻末に著者清見陸郎が法明院フェノロサ、ビゲロウの墓に詣でた記事が掲載されています。『美術史学』に連載した文の再録ですので多分昭和十八年の晩秋と推定されます。著者が墓標に頭を垂れた瞬間、鋭く耳朶を襲ったのは米英撃滅の軍歌でした。

……いまわたくしがその前に帽子を取った石塔の主は、その撃滅されるべき敵国民の一人なのである。そうして　すぐその近くに墓標を並べた二人のアメリカ人に至っては、さらにチャキチャキのヤンキーたるに相違ないのである。ああ、フェノロサ、ビゲロー、それからジェームス・ウッズ――このような型の人々がもっともっと数多く彼らの母国民の間に存在したなら、或いは今日の如き嘆ずべき状態にまで我々を持ち来さずに済んだのではあるまいか。

国際情勢に耳目を塞がれた昭和戦前の日本人に典型的な、複雑な心情が読み取れます。しかし法明院では、桜井敬徳を継いだ直林敬円はじめ直林敬範、滋野敬憲、滋野敬淳ら歴代の住職たちによって毎年九月二十一日(フェノロサ忌)と十月六日(ビゲロウ忌)、墓前での法要を欠かすことがありませんでした。

とくに滋野敬淳阿闍梨は戦後のフェノロサ研究の先達として後輩を指導され、また所蔵の貴重な資料を惜しみなく開示して研究に寄与されました。

一九七五年、私が初めてアラバマ州モービルの歴史博物館を訪れた際、数十点のメアリ資料の中に、敬淳師からメアリに宛てた英文書簡がありました。昭和二十四年、二十五歳の敬淳師が鎌倉在住の林愛作から当時フロリダにいたメアリの住所を聞いて送ったもので、フェノロサが日本美術に果たした重要な役割は三年前に遷化した父親の敬憲からよく聞いている、命日には必ず花を捧げて供養している、といった内容で、それまで途絶えていたフェノロサの親族と初めて連絡を取った書状でした。

滋野敬淳大和上（三井寺明法院蔵）

娘アーウィンが建てたメアリの墓（モービル市郊外、筆者撮影）

フェノロサ来日百年祭法要で焼香するディレイニー夫妻と後方サングラスのベティー・ウィンズロウ

メアリは一九五四年、九十歳で死去しています。娘のアーウィン（ウォットリー夫人 Mrs. Erwin Whatley）は母をモービルの墓地に葬り、フェノロサの待つ三井寺には移葬していません。

その後法明院では、滋野敬淳阿闍梨のもとで昭和三十二（一九五七）年「フェノロサ五十回忌・ビゲロウ三十三回忌・ウォーナー三回忌」合同法要、昭和五十三（一九七八）年「フェノロサ来日百年祭」法要、平成十九（二〇〇七）年「フェノロサ没後百年」法要が営まれています。「来日百年祭」法要にはアーウィンの娘にあたるウィンズロウ夫人ベティー（Mrs. Betty

Winslow）がモービル歴史博物館長（コールドウェル・ディレイニー）夫妻と共に参列しました。市政八十年を迎えた大津市の招待による来日でした。

（なお、ウィンズロウ夫人ベティーはビゲロウと対談したウィンズロウ夫妻と関係ありません。）

おわりに

本稿は日本ボストン会の『会報』（第三〇号〜第三九号。二〇〇七〜二〇一二年）に連載されたものに加筆し、多少の修正と写真を加えたものです。出版を快諾された日本ボストン会のご厚意に感謝申し上げます。この会はボストン大好き人間の親睦団体です。その有志が二〇〇七年五月二十七日、ボストン美術館と関係の深いフェノロサとビゲロウが眠る三井寺（正式には園城寺）の法明院に参拝しました。そのとき故滋野敬淳阿闍梨と共に筆者がご案内したのがきっかけで、五年間十回の連載となりました。

フェノロサ、ビゲロウの墓が法明院に作られた経緯については、主として旧著『フェノロサ―日本文化の宣揚に捧げた一生』（上下巻、一九八二年、三省堂）に拠り、またその後の著述や蒐集資料によって補足したものですが、本書は研究論文を意図したものではありません。一般向けの読みものとして平易な文体とし、注記はできるだけ省くよう心掛けました。

連載した日本ボストン会会報の編集者俣野善彦氏、最後に付け加えたウッズに関する資料やハーバード大学ホートン・ライブラリー所蔵のビゲロウ資料については三好彰学兄とハーバード大学マイケル・ウィルツェル教授、スコット・ジョンソン関西大学名誉教授の貴重な協力を得ました。厚く謝意を表します。

書き終えて改めて感じるのは因縁の不思議さです。ウッズが天台教学に興味をもつきっかけがビゲロウだったこと、ウッズの友人姉崎正治はフェノロサの最初の教え子井上哲次郎直系の後継者であったばかりか、ハーバード大学客員教授時代はビゲロウが聴講していたこと、少年時代の姉崎に強い影響を与えた平井金三が後にフェノロサと意気投合したこと、また姉崎を継いだ宗教学者岸本英夫の父は、明治三十年十一月フェノロサが東京専門学校（早稲田大学の前身）で講演した「東西文明の比較一斑」で通訳を務めた高等師範学校教授岸本能武太だったことなどです。岸本先生の講義には筆者も専攻学科は違っていましたが何度か聴講したことがありました。謹直な感じの先生でした。先生の編纂された『明治文化史　宗教編』（昭和二十九年）は裨益するところの大きかった著作です。

最後になりましたが、加筆修正で、たいへん面倒な編集を引き受けて頂いた宮帯出版社の後藤美香子さんに、厚く御礼申し上げます。

既刊書案内

曾祖父覚三 岡倉天心の実像　　岡倉登志 著

近代日本の思想家、美術行政家、実践的評論家であった岡倉覚三天心（1863～1913）は、東京美術学校の創立、万国博覧会事務局勤務、日本美術院の創設など、日本美術の近代化と覚醒に寄与した。晩年はボストン美術館日本美術部長として日本美術コレクションを形成し、『日本の覚醒』『東洋の理想』『茶の本』（英語）の刊行など、欧米に与えた影響も大きい。歴史家であり曾孫にあたる著者が、様々な岡倉評を踏まえながら、その人と思想に迫る。

●四六判・並製・400頁・カラー口絵 8頁／本体 3,500円＋税

十三松堂茶会記 正木直彦の茶の湯日記　　依田 徹 編

本書は『正木直彦夫妻茶会記』『正木直彦日記』（共に東京芸術大学附属図書館蔵）より、正木直彦（1862～1940）と郁子夫人の茶会記の記述を翻刻・編集したものである。岡倉天心の後を受け、美術行政・美術教育の分野で貴重な足跡を残した正木直彦。遺された明治44年から昭和16年までの茶会記には、各界の名士が登場する。その人物交流の様子は、美術史・茶道史に新たな光を当てるだろう。

● A5判・上製・292頁・カラー口絵 4頁／本体 4,500円＋税

文化財の現在 過去・未来　　彬子女王 編

デジタル技術が進み、ライフスタイルも近世・近代とは大きく異なる現代において、文化財を作り、伝え、守る人びとが一堂に集い、伝統文化を支える意味を問う。伝統工芸・伝統芸能や神事、デジタル技術を駆使した新たな取り組みなど、伝統文化や文化財をとりまく現在と未来をみすえた彬子女王殿下の企画による立命館大学アート・リサーチセンター国際シンポジウムの成果。

●四六判・上製・320 頁／本体 4,500円＋税

〔著者紹介〕
山口静一（やまぐち せいいち）
1931年生まれ。東京大学文学部卒業。埼玉大学名誉教授。名古屋ボストン美術館館長（2003-2005）。日本フェノロサ学会会長（1986-1994）。フェノロサに関する主要編著書に、『フェノロサ：日本文化の宣揚に捧げた一生』上下巻（三省堂、1982）、『フェノロサ美術論集』（中央公論美術出版、1988）、『フェノロサ社会論集』（思文閣出版、2000）、『フェノロサ英文著作集』全3巻（エディション・シナプス、2009）他。

三井寺に眠る
フェノロサとビゲロウの物語

2012年5月25日 第1刷発行
2014年9月20日 第2刷発行

著　者　山口静一
発行者　宮下玄覇
発行所　株式会社宮帯出版社
京都本社 〒602-8488
京都市上京区寺之内通下ル真倉町739-1
営業 075-441-7747 編集 075-441-7722
東京支社 〒102-0083
東京都千代田区麹町6-2
電話 03-3265-5999
http://www.miyaobi.com/publishing/
振替口座 00960-7-279886
印刷所　為國印刷株式会社

定価はカバーに表示してあります。落丁・乱丁本はお取替えいたします。

 ISBN978-4-86366-838-6 C0023

索　引

あ

アーウィン → ウォットリー、アーウィン
青木重彦　15
青木信寅（1835–1891）　14, 19
赤松連城（1841–1919）　35, 61-64
アダムズ、ヘンリー（Henry Adams 1838–1918）　50
姉崎正治（1873–1949）　170, 178-181, 197
有賀長雄（1860–1921）　45, 67, 119, 139, 140, 147, 148, 152, 153, 160, 186, 189, 190
アリストテレス（Aristotle 384–322 B.C.）　64, 65
アレン → チェスター、アレン

い

石川舜台（1842–1931）　34
市島春城（1860–1944）　44
伊藤　紀　148
伊東忠太（1867–1954）　148
伊藤博文（1841–1909）　52
井上円了（1858–1919）　79, 81
井上哲次郎（1856–1944）　44, 140, 148, 149, 187, 197
岩倉具定（1852–1910）　152
インガソル、ジョージ（George Goldthwait Ingersoll 1796–1863）166, 167

う

ウィンズロウ夫妻（Frederick Bradlee Winslow 1873–1937/Mary Williams Winslow1875–1970）　168-170
ウィンズロウ、ベティー（Mrs. Betty W. Winslow 生没年不詳）　194
ウェルド、チャールズ（Charles Goddard Weld 1857–1911）　50, 51, 90, 93, 105, 117, 189
ウォットリー、アーウィン（Mrs.Irwin Whatley 1892–1971）　158, 159, 194
内村鑑三（1861–1930）　81
ウッズ、アーサー（Arthur Woods 1870–1942）178, 179
ウッズ、ジェームズ・ホートン（James Haughton Woods 1864–1935）　178-183, 192, 197
梅若実（1828–1909）　110

え

栄海上人 139
江木高遠（1849–1880） 32, 37-39
江木鰐水（1811–1881） 37
エマソン（Ralph Waldo Emerson 1803–1882） 166
エリオット、チャールズ・W（Charles William Eliot 1834–1926） 24, 47

お

凡河内躬恒（平安前期） 122
大江学翁（?–1897） 36
大瀧晴子（1927–1986） 123
大村西崖（1868–1927） 186, 187
岡倉秋水（1869–1950） 86, 186
岡倉天心（覚三）（1863–1913） 19, 44, 45, 52, 53, 67, 75, 78, 82, 86, 89, 92, 93, 101, 104, 105, 117, 118, 130, 140, 145, 186
岡倉由三郎（1868–1936） 75, 89, 101
岡田友次 158, 159
オルコット（Henry Steel Olcott, 1832–1907） 69, 70

か

ガーディナー（James McDonald Gardiner 1857–1920） 123
ガーディナー、ハスノハナ（Hasunohana Gardiner） 123
ガードナー、イザベラ・スチュワート（Isabella Stewart Gardner, 1840–1924） 96, 97
ガードナー、ジョン（John Lowell Gardner 1804–1884） 50
カノー → フェノロサ、カノー
桂　太郎（1848–1913） 145
加藤弘之（1836–1916） 37
加藤八十太郎 159
金子堅太郎（1853–1942） 136, 137, 140, 189
嘉納治五郎（1860–1938） 44, 118
狩野友信（1843–1912） 160
狩野芳崖（1828–1888） 67, 169, 186
川崎正蔵（1836–1912） 153
河瀬秀治（1842–1907） 19, 147
カント（Immanuel Kant 1724–1804） 79
寛良 → 直林寛良

き

菊池大麓（1855–1917） 37, 38
岸本英夫（1903–1964） 179, 180
衣笠梅二郎（1899–?） 158
清沢満之（1863–1903） 16, 79, 80
清見陸郎（1886–?） 191

く

クーリッジ、ジョン（John Coolidge 1872–1933） 50
九鬼隆一（1850–1931） 82
熊谷直実（1141–1208） 16
クララ → ホイットニー、クララ
クロフォード、マリオン（Marion Crawford, 1854–1909） 96-99

け

敬円 → 直林敬円
敬徳 → 桜井敬徳
ケチャム（W. H. Ketcham） 114, 118

こ

ゴードン（Lafayett Gordon 1843–1900） 122
ゴードン、ジョージ・A（George A. Gordon 1853–1909） 166
巨勢金岡（平安前期） 82
木場貞長（1859–1944） 52
小林文七（1861–1923） 118, 186, 187, 190
小松原英太郎（1852–1919） 144
小村寿太郎（1855–1911） 144

さ

税所　篤（1827–1910） 86
西智（鎌倉時代 13 世紀） 61
桜井敬徳（1834–1885） 11-16, 18, 19, 36, 70-76, 78, 86, 87, 89, 96, 101-103, 104, 120, 151, 173, 177, 179, 187, 188, 192
佐々木月樵（1875–1926） 16, 81
佐脇恒吉郎 173
佐野常民（1823–1902） 17
サラサーテ（Pablo de Sarasate 1844–1908） 136

サンタヤーナ（George Santayana1863–1952）　170

し

滋野敬憲（1886–1947）　192, 193
滋野敬淳（1925–2007）　192, 194
重野安繹（1827–1910）　16
品川弥二郎（1843–1900）　18
島地黙雷（1838–1911）　34, 61
清水谷恭順（1891–1979）　179
シャタック（Frederick C. Shattuck 1847–1929）　48
シュヴェーグラー（Albert Schwegler 1819–1857）　44
シルスビー（Silsbee family）　25, 27

す

菅　蒼圃　18
スコット、アーウィン（Irwin Scott 1892–1971）　108, 130,132, 158, 160, 194
スコット、メアリ（Mary McNeil Scott）→ フェノロサ、メアリ
スコット、レドヤード（Ledyard Scott, ?–1903）　107-109, 130
スティブンソン（Robert Louis Stevenson 1850–1894）　122
スペンサー、ハーバート（Herbert Spencer 1820–1903）　24, 28, 41-44, 79, 170

そ

副島種臣（1828–1905）　19

た

ダーウィン（Charles Robert Darwin 1809–1882）　37, 43
大照円朗　189
ダウ（Arthur Wesley Dow 1857–1922）　111, 112, 115, 124, 130, 148
高田早苗（1860–1938）　44
竹中成憲（1854–1925）　75

ち

チェスター、アレン（Allen Chester 1885–1947）　107
チェスター、ルドルフ（Ludolf Chester ?–1885）　107

つ

坪内逍遥（1859–1935） 44

て

ディレイニー、コールドウェル（Caldwell Delaney 1918–2007） 195
デカルト（René Descartes 1596–1650） 166
デファルク（Ray J. Defalqu ?–2012） 168
デントン、メアリ（Mary Denton 1857–1947） 121, 122, 152

と

ドール（Nethan Haskell Dole 1852–1935） 138
床次正精（1842–1897） 15
外山正一（1848–1900） 21, 23

な

直林寛良（敬円）（1849–1922） 76, 87, 89, 101, 103, 104, 119, 147,148, 152, 173, 192
直林敬範（1882–1941） 192
長原孝太郎（1864–1930） 187
中村正直（1832–1891） 37
南条文雄（1849–1927） 34, 68

に

西　周（1829–1897） 37

の

ノートン（Charles E. Norton 1827–1908） 24, 28

は

パストゥール（Louis Pasteur 1822–1895） 48
ハスノハナ → ガーディナー、ハスノハナ
バートレット、ファニー（Fanny Bartlet 1873–?） 121, 122
ハーン、ラフカディオ（Lafcadio Hearn 1850–1904） 106, 107, 121
パウンド、エズラ（Ezra Pound 1885–1972） 156, 159, 160
橋本雅邦（1835–1908） 169
蜂須賀茂韶（1846–1918） 19

浜尾　新（1849–1925）　139, 147, 189
早川雪洲（1889–1973）　127
林　愛作 147, 186, 192
バラ（James Hamilton Ballagh 1832–1920）　35

ひ

ビゲロウ、ウィリアム・スタージス（William Sturgis Bigelow, 1850–1926）　8-12, 19, 36, 47-52, 61, 62, 64, 67-72, 74-76, 78, 79, 81-83, 86, 87, 89, 90, 93, 96, 101, 103-105, 117, 138, 142, 144, 145, 155, 166-179, 181, 191, 192, 194
ビゲロウ、ジェーコブ（Jacob Bigelow 1787–1879）　47
ビゲロウ、スーザン（Susan Bigelow ?–1853）　47
ビゲロウ、ヘンリー（Henry J. Bigelow 1818–1890）　47, 93
久成 → 町田久成
土方久元（1833–1918）　139
ビニヨン、ローレンス（Laurence Binyon 1869–1943）　136, 148
平井金三（1859–1916）　120, 121, 170, 197
平田喜一（1873–1943）　119
平松理英（1855–1916）　68
平松理賢（1860–1936）　68
ビング、S（Samuel/Siegfried Bing 1838–1905）　48

ふ

フェノロサ、アーネスト・カノー（Ernest Kano Fenollosa 1880–1887）66
フェノロサ、アーネスト・フランシスコ（Ernest Francisco Fenollosa, 1853–1908）　8-13, 19, 24, 25, 27-31, 36, 37, 40-47, 51-53, 60, 62-68, 70-76, 78-83, 89, 90, 92-94, 96-99, 101, 102, 104-121, 123, 125, 126, 130, 132-140, 142, 144-148, 150, 152, 153, 155, 156, 158, 160, 163, 169, 172, 173, 186-194
フェノロサ、ウィリアム（William S. Fenollosa 1854–1941）　25, 135
フェノロサ、マニュエル（Manuel F. C. Fenollosa 1918–1878）　25, 29, 134
フェノロサ、メアリ（Mary McNeil Fenollosa, 1865–1954）　76, 105-108, 111-113, 115, 116, 119-121, 123-125, 127, 130-135, 138, 140, 142, 146, 147, 152, 154, 156, 158, 160, 163, 188-190, 192, 194
フェノロサ、メアリー・シルスビー（Mary Silsbee Fenollosa 1816–1866）　25, 134
フェノロサ、リジー（Lizzie Millett Fenollosa 1853–1920）　28, 29, 31, 76, 109, 110, 112, 117, 120, 133, 135, 138, 140, 146

フォールズ、ヘンリー（Henry Faulds 1843–1930） 38, 39
フォスター（Charles A. Foster 1850–?） 76-78, 87
福岡孝悌（1835–1919） 45
福沢諭吉（1835–1901） 37
福田行誡（1809–1888） 19
藤島了穏（1852–1918） 35
藤田茂吉（1852–1892） 37
藤原伊房（1030–1096） 16
ブラヴァツキ（Helen P. Blavatsky 1831–1891） 69
フランチェスコ（Francesco d'Assisi 1182–1226） 169
フリーア、チャールズ・ラング（Charles Lang Freer 1856–1919） 125, 146, 148, 152, 187
ブルックス、フィリップス（Philipps Brooks 1835–93） 48, 50

へ

ヘーゲル（Georg Wilhelm Friedrich Hegel 1770–1831） 62, 63, 80, 99
ベティ → ウィンズロウ、ベティー
ヘボン（James Curtis Hepburn 1815–1911） 35
ベルツ（Erwin von Bälz 1849–1913） 75

ほ

ホイットニー、クララ（Clara A. N. Whitney Kaji 1860–1936） 110
法宇斯 → フォスター
法然（1133–1212） 169

ま

正木直彦（1862–1940） 60, 147, 148, 189
益田　孝（鈍翁）（1848–1938） 147
町田久成（1838–1897） 11-13, 15-18, 70, 78, 86-89, 96
マッコール、シドニー → フェノロサ、メアリ
マルクス、カール（Karl Heinrich Marx 1818–1883） 161
丸山貫長（1844–1927） 89, 105
マレー、デービッド（David Murray 1830–1905） 23

み

ミジェオン、ガストン（Gaston Migeon 1861–1931） 148
水野幸吉（1873–1914） 147
宮岡恒次郎（1865–1943） 75

ミル、J. S.（John Stuart Mill 1806–1873） 44

め

メンデンホール、トーマス（Thomas Corwin Mendenhall 1841–1924） 24

も

モース、エドワード・シルベスター（Edward Sylvester Morse, 1838–1925）
8-10, 20, 21, 23, 24, 29, 37-40, 42, 43, 49-52, 75, 105
森　有礼（1847–1889） 52

や

矢田部良吉（1851–1899） 23
柳田暹暎（1917–2000） 86, 90
矢野峰人（1893–1988） 158, 159
矢吹慶輝（1879–1939） 179, 180
山中定次郎（1865–1936） 173

ら

ライト、エイモス・J（Amos J. Wright） 168

る

ルーズベルト（Theodore Roosevelt 1858–1919） 125

ろ

ローウエル、パーシバル（Percival Lowell 1855–1916） 50
ローリング、チャールズ（Charles Greely Loring 1828–1902） 112
ロセッティ（Dante Gabriel Rossetti 1828–1882） 132
ロッジ、ヘンリー・C（Henry Cabot Lodge 1850–1924） 48
ロレンス、ウィリアム（William Lawrence 1850–1941） 48, 172

わ

和田智満（1835–1910） 89, 120
渡辺洪基（1847–1901） 81
ワット、ジェームズ（James Watt 1736–1819） 64